PORTOS E COMÉRCIO EXTERIOR

*Cenário atual
e aspectos jurídicos,
ambientais e de saúde*

SÉRIE
AUTOMAÇÃO

PORTOS E COMÉRCIO EXTERIOR

*Cenário atual
e aspectos jurídicos,
ambientais e de saúde*

ORGANIZADORES
EDUARDO MARIO DIAS
MARIA LÍDIA REBELLO PINHO DIAS SCOTON

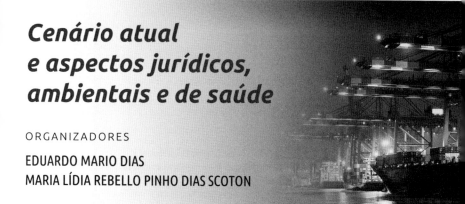

Copyright © 2016 Eduardo Mario Dias; Maria Lídia Rebello Pinho Dias Scoton

Direitos desta edição reservados à
EDITORA FGV
Rua Jornalista Orlando Dantas, 37
22231-010 | Rio de Janeiro, RJ | Brasil
Tels.: 0800-021-7777 | 21-3799-4427
Fax: 21-3799-4430
editora@fgv.br | pedidoseditora@fgv.br
www.fgv.br/editora

Impresso no Brasil | *Printed in Brazil*

Todos os direitos reservados. A reprodução não autorizada desta publicação, no todo ou em parte, constitui violação do copyright (Lei n° 9.610/98).

Os conceitos emitidos neste livro são de inteira responsabilidade dos autores.

1ª edição: 2016

Preparação de originais: Sandra Frank
Projeto gráfico de miolo, diagramação e capa: Aspecto Design
Foto de capa: Lammeyer | 123rf.com
Revisão: Aleidis Beltran | Fatima Caroni

**Ficha catalográfica elaborada pela
Biblioteca Mario Henrique Simonsen**

Portos e comércio exterior: cenário atual e aspectos jurídicos, ambientais e de saúde / Organizadores Eduardo Mario Dias, Maria Lídia Rebello Pinho Dias Scoton. — Rio de Janeiro : FGV Editora, 2016.
228 p. — (Automação)

Inclui bibliografia.
ISBN: 978-85-225-1293-5

1. Portos — Brasil. 2. Portos — Legislação — Brasil. 3. Portos — Aspectos ambientais — Brasil. 4. Desenvolvimento sustentável. 5. Brasil — Comércio exterior. I. Dias, Eduardo Mário. II. Scoton, Maria Lídia Rebello Pinho Dias. III. Fundação Getulio Vargas.

CDD — 387.10981

Sumário

Apresentação — 9
EDUARDO MARIO DIAS

Introdução — 13
AILTON FERNANDO DIAS | EDUARDO MARIO DIAS | HELIOS MALEBRANCHE
PABLO CERDEIRA

1 | Portos e comércio exterior — 21
EDUARDO MARIO DIAS | HELIOS MALEBRANCHE
SÉRGIO PAULO PERRUCCI DE AQUINO | VALÊNCIO GARCIA

A política de exportações brasileira — 21
A Lei de Modernização dos Portos e o sistema de segurança internacional — 25
Os problemas resultantes do abandono da Lei nº 8.630/1993 — 31
A tese da necessidade de uma nova lei portuária — 33
O novo marco regulatório dos portos — 34
As bases e princípios da nova Lei dos Portos:
  Lei nº 12.815/2013 e Decreto nº 8.033/2013 — 35
A iniciativa privada e as evoluções do comércio exterior no Brasil — 37
As empresas de pequeno e médio portes no comércio exterior — 39
Desburocratização dos procedimentos para o comércio exterior — 42
Observações sobre o processo brasileiro de exportação — 46

2 | Comércio exterior e seus intervenientes — 49
ANTONIO RUSSO FILHO | EDISON DE OLIVEIRA VIANNA JUNIOR
EDUARDO MARIO DIAS | PAULO JOSÉ ZANCUL

Setor público — 56
  Secretaria de Portos (SEP) — 56
  Ministério dos Transportes (MT) — Agência Nacional de Transportes
    Aquaviários (Antaq) — 57

Ministério da Fazenda (MF)	58
Ministério da Defesa (MD)	64
Ministério da Saúde (MS) — Agência Nacional de Vigilância Sanitária (Anvisa)	65
Ministério da Agricultura, Pecuária e Abastecimento (Mapa)	66
Ministério da Justiça (MJ) — Departamento de Polícia Federal (DPF)	67

Comissão Nacional de Segurança Pública nos Portos, Terminais e

    Vias Navegáveis (Conportos) e suas representantes em nível estadual

    (Comissão Estadual de Segurança Pública nos Portos, Terminais e

Vias Navegáveis — Cesportos)	67
Corpo de Bombeiros	69
Setor privado	69
Agente de navegação marítima	69
Recinto alfandegado	70
Armador	70
Operador portuário	71
Praticagem	71
Transportador interno	72
Non vessel operator common carrier (NVOCC)	72
Prestadores de serviços	73
Fluxo dos processos portuários de exportação e importação	73

3 | Aspectos jurídicos da exploração dos portos: regulamentação   79

EDUARDO MARIO DIAS | GUSTAVO GASIOLA | LEONARDO TOLEDO DA SILVA
MARIA LÍDIA REBELLO PINHO DIAS SCOTON | MARIA RITA REBELLO PINHO DIAS
RODRIGO PORTO LAUAND

Estruturação jurídica do exercício da atividade portuária no Brasil:	
aspectos legais e regulamentares da exploração de portos	79
Competência constitucional material e legislativa dos portos marítimos	80
Conceitos legais	84
Porto organizado	84
Infraestrutura portuária	84
Operação portuária	85

Operador	85
Área do porto organizado	86
Terminal de uso privativo	86
Serviços de uso comum	87
Tarifas portuárias	87
Regulação do setor	87
Agência Nacional de Transportes Aquaviários — Antaq (Lei nº 10.233/2001)	98
Secretaria de Portos da Presidência da República (SEP/PR)	101
Administração do porto organizado	105
Conselho de Autoridade Portuária (CAP)	105
Autoridade portuária	106
Administração aduaneira do porto organizado	109
Prestação de serviços por operadores portuários	109
Exploração do porto organizado	114
A exploração de portos e o conceito de serviço público	116
Regime jurídico da exploração das atividades associadas aos portos	122
Outros órgãos públicos que atuam nos portos e respectivas competências	127
Autoridade marítima e Comissão Nacional de Portos (Conportos)	128
Órgãos ambientais, autoridade aduaneira e Secretaria do Patrimônio da União	130
Vigilância sanitária; Polícia Marítima; Ministério do Trabalho e Emprego;	
Ministério da Agricultura, Pecuária e Abastecimento	131

4 | Contratos administrativos que possibilitam a exploração de portos   **135**

EDUARDO MARIO DIAS | GUSTAVO GASIOLA | LEONARDO TOLEDO DA SILVA
MARIA LÍDIA REBELLO PINHO DIAS SCOTON | MARIA RITA REBELLO PINHO DIAS
RODRIGO FERNANDES MORE | RODRIGO PORTO LAUAND

Concessão de portos organizados	137
Contratos para exploração de áreas e instalações portuárias	144
Exploração de áreas e instalações portuárias de uso público	149
Autorização para operação de terminal de uso privado	164

5 | Sustentabilidade ambiental e saúde em atividades portuárias 177

AUGUSTO CESAR | CAMILO DIAS SEABRA PEREIRA | EDUARDO MARIO DIAS
MARIA LÍDIA REBELLO PINHO DIAS SCOTON | RODRIGO BRASIL CHOUERI
SAMUEL GOIHMAN

O Sistema Nacional do Meio Ambiente (Sisnama) 178

Instrumentos legais relacionados ao meio ambiente 179

Licenciamento ambiental 180

    O licenciamento ambiental e a licença ambiental 182

    Competência para licenciar 185

    Participação pública 186

    Documentos técnicos 187

    Instrumentos de gestão ambiental 188

Sustentabilidade no setor portuário 189

Saúde 194

    Instrumentos de gestão da saúde 195

Referências 199

Sites 208

Legislação (Brasil) 209

Siglas 219

Autores 223

Apresentação

EDUARDO MARIO DIAS

Esta série, composta de três livros, aborda os principais aspectos envolvidos em todo o processo de automação dos portos brasileiros, seja em seus aspectos econômicos, legais, jurídicos e ambientais, seja nos aspectos técnicos e tecnológicos, seja, por fim, em relação aos processos logísticos e sua interface com sistemas de gestão de uma cidade moderna, isto é, os conceitos básicos de uma cidade inteligente.

O livro 1 trata de portos e comércio exterior, com enfoque no atual cenário nacional e nos aspectos jurídicos, ambientais e de saúde. O livro 2 tem por foco a tecnologia da informação aplicada à gestão portuária e cidades inteligentes, com ênfase na desburocratização e na segurança dos processos. O livro 3 trata dos processos de automação de controle de cargas, sua interface com os sistemas de controle de uma cidade.

Este volume, *Portos e comércio exterior: cenário atual e aspectos jurídicos, ambientais e de saúde*, inicia-se com uma introdução geral à série, em que se apresenta um breve histórico da evolução do comércio exterior brasileiro, abordando, em especial, os aspectos econômicos do Brasil, que, mais do que favorecer, pedem por investimentos de grande porte, seja para a exploração do potencial portuário ainda não utilizado, seja para evitar o aumento dos gargalos nos processos de exportação e importação.

O capítulo 1 discute a participação do Brasil no comércio mundial, em especial sua execução via marítima. Ele trata da evolução da política de exportação brasileira, incluindo aquelas consideradas as principais leis sobre portos e segurança portuária. Apresenta, por fim, a problemática das empresas de pequeno e médio portes que não têm acesso ao comércio exterior.

O capítulo 2 trata do comércio exterior e seus intervenientes, apresentando os órgãos de governo (administração direta e indireta) e as empresas públicas ou privadas que atuam nos portos. Essa apresentação considera as atividades portuárias típicas e indica as competências de cada órgão, suas atribuições e respectivos procedimentos. O capítulo ainda traz todo o fluxograma de exportações e importações, demonstrando a complexidade do processo de comércio exterior.

No capítulo 3, são enfocados os aspectos jurídicos da exploração dos portos, explicitando as principais questões legais relacionadas ao tópico no Brasil. Os autores iniciam com um panorama geral das normas que regulam a imbricada atividade portuária, analisando como estas se relacionam e as mudanças decorrentes da criação da Secretaria de Portos da Presidência da República (SEP). Ademais, apresentam o detalhamento da competência dos diversos entes e órgãos públicos, cujas atuações são imprescindíveis para o desenvolvimento dessa atividade. Valendo-se da legislação vigente, os autores apresentam um quadro de competência dos principais órgãos públicos a cujas exigências ou fiscalização aquele que utiliza ou explora o porto é obrigado a se submeter e analisam o regime jurídico da exploração das atividades portuárias. São também examinados aspectos em que a atribuição de competências não é clara, gerando dúvidas até no âmbito do poder público.

Os autores do capítulo 4 tratam especificamente dos contratos administrativos que possibilitam a exploração dos portos, detalhando os tipos aplicáveis às áreas e instalações de uso público e de uso privativo. Finalizam com uma análise da controversa questão relativa à obrigatoriedade (ou não) da intermediação do Órgão Gestor de Mão de Obra (Ogmo) no processo de contratação de trabalhadores nos terminais de uso privativo.

Por fim, no capítulo 5, são aprofundadas questões relativas ao meio ambiente, à saúde e à sustentabilidade de atividades portuárias. O objetivo é apresentar um panorama dos processos de licenciamento ambiental de portos organizados e empreendimentos portuários, trazendo uma recopilação dos dispositivos legais e técnico-científicos capazes de avaliar, controlar e monitorar os impactos causados por essas atividades, de modo a auxiliar nos processos de licenciamento ambiental.

Deve-se frisar que o material apresentado nos três livros da série é constituído de contribuições realizadas pelos autores em dissertações de mestrado, teses de doutorado e artigos publicados em periódicos nacionais e internacionais, elaborados no grupo Gaesi (Gestão em Automação e TI da Escola Politécnica da Universidade de São Paulo), coordenados por mim, enquanto professor titular dessa escola.

Introdução

AILTON FERNANDO DIAS
EDUARDO MARIO DIAS
HELIOS MALEBRANCHE
PABLO CERDEIRA

O comércio internacional cresceu significativamente ao longo dos últimos anos, porém o Brasil, apesar de sua relevância na economia mundial, não tem a adequada participação nesse mercado como exportador nem como importador. Tal fato é explicado em parte pela concorrência, inclusive entre países emergentes, e em parte por questões internas, principalmente estruturais. As questões internas que dificultam as importações e exportações nacionais e compõem o chamado "custo Brasil" envolvem desde a cadeia logística até questões culturais, sendo que, entre estas últimas, destaca-se a burocracia.

No gráfico 1 pode-se observar que a participação brasileira na exportação mundial tem-se mantido relativamente estável na última década, oscilando em torno de 1% das exportações mundiais, i.e., quase a metade do que ocorria há cerca de 60 anos.

Fonte: Ministério do Desenvolvimento, Indústria e Comércio Exterior. Disponível em: <www.desenvolvimento.gov.br/arquivos/dwnl_1423144482.pdf>. Acesso em: 6 maio 2015.

Esses dados nos permitem concluir que o Brasil tem um enorme potencial a ser explorado em termos de volume de exportação, sendo que o caminho natural para isso passa pelos portos, visto que é através deles que se realizam cerca de 90% de nossas exportações. Em relação a este potencial, o Brasil é um dos países mais favorecidos, pois figura como o 16º país com maior extensão de costa marítima (linha costeira). A título de comparação, o Canadá ocupa o primeiro lugar, com 200.000 km, e a Rússia ocupa o quarto, com 38.000 km, mas ambos com boa parte da costa no oceano Ártico. Já os EUA e a China, por exemplo, ocupam o 9º e o 11º lugares, com 20.000 km e 15.000 km de costa, respectivamente (USA, 2008).

É importante notar que esses números, que revelam grandes extensões de costas marítimas, não levam em conta problemas de navegabilidade, litoral excessivamente entrecortado, ilhas, perímetros congelados, fiordes, penínsulas e outros acidentes geográficos. No caso do Brasil, são cerca de 7.400 km sem acidentes geográficos expressivos, e essa extensão pode ser elevada a cerca de 9.200 km se considerarmos falésias, mangues, restingas e outros acidentes menores.

Em que pese a extensão de nossa costa e a relevância dos portos no comércio exterior, dos R$ 29,46 bilhões de investimentos públicos federais e privados em transportes em 2013, apenas R$ 2,30 bilhões, ou seja, 7%, foram dedicados ao setor portuário (Campos Neto, 2014:10, 24), conforme ilustrado no gráfico 2.

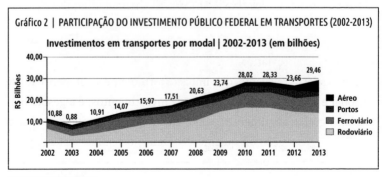

Fonte: Campos Neto (2014).

O Brasil, conforme dados do Fórum Econômico Mundial (Schwab, 2013), devido à sua carga tributária, problemas de regulação e efetividade no uso de recursos públicos, além de elevadas taxas de juros, tem-se mantido em posições inferiores no *ranking* das economias mais competitivas. Países como Azerbaijão, Costa Rica e Indonésia são vistos como mais competitivos. O *ranking* é estabelecido por meio de pesquisas sobre a percepção de empresas multinacionais e locais relativas a cada país. O Fórum Econômico Mundial de 2013 destaca pontos positivos na economia brasileira, mas alerta quanto aos importantes desafios a serem vencidos. Por exemplo: entre os 148 países avaliados, o Brasil é classificado como o 140º colocado no que tange ao impacto da carga tributária sobre o setor privado. No que se refere aos indicadores da regulação do governo, o país é o penúltimo colocado, ficando à frente somente da Venezuela.

Nesse cenário de elevado espaço econômico e geográfico para crescimento da participação do Brasil no comércio internacional, vê-se quão importantes são os investimentos em infraestrutura física (portos, ferrovias, aeroportos, hidrovias, estaleiros etc.) e em infraestrutura administrativa (regulação, planejamento logístico de curto e longo prazos, eficiência da gestão etc.).

Entre outros, citamos alguns dos principais aspectos, relativos à infraestrutura, merecedores de atenção:

- melhoria na administração portuária;
- qualificação da mão de obra operacional ou administrativa;
- recuperação da relevância do planejamento estratégico;
- revisão da matriz de transporte, valorizando os sistemas ferroviários e hidroviários.

Um aspecto relevante, que impacta fortemente a competitividade nacional e se mostra muito carente de investimentos, é a gestão portuária. A gestão atualmente é conduzida por equipes que demandam ampliação, renovação ou qualificação, tanto nas atividades administrativas quanto nas operacionais.

O comércio mundial contemporâneo e a participação do Brasil

A implantação do atual modelo de comércio internacional decorreu, principalmente, da reordenação profunda do quadro mundial na década de 1950, ou seja, logo após a Segunda Guerra Mundial. Essa reordenação baseou-se principalmente nos seguintes movimentos:

- formação de bloco de países centralmente planificados;
- guerras localizadas e movimentos revolucionários e anticoloniais;
- reconstrução da Europa ocidental e do Japão sob a égide da economia e da política norte-americanas (Müller, 1987).

Ainda segundo Müller (1987), essa reordenação teve como características econômicas:

- presença do Estado como interventor e produtor;
- oligopolização das economias nacionais;
- multinacionalização das grandes empresas ao final da década de 1950.

A partir da década de 1960, com a transnacionalização dos investimentos privados e dos circuitos monetários e financeiros, o comércio internacional se intensificou no chamado modelo das livres trocas (Müller, 1987:71). De acordo com o autor, o período 1967-80 caracterizou-se pelo

> revigoramento e especialização de antigos setores industriais, pela emergência de um punhado de novos países especializados em alguns ramos e pela concorrência aberta entre as economias de mercado mais desenvolvidas, da qual resultou [...] uma maior internacionalização produtiva nos Estados Unidos.

É importante destacar o desenvolvimento brasileiro desse período. Assim como ocorreu nos demais países em desenvolvimento, o Brasil experimentou forte crescimento devido, principalmente, aos investimentos realizados pelo setor público, do qual eram oriundos 25% da formação bruta de capital fixo em 1955. Esse número salta para 39% em 1962, atingindo 44% em 1979, período em que 19 das 20 maiores empresas brasileiras eram estatais (Cassiolato e Lastres, 2001). Segundo os autores, esse período é marcado por uma "solidariedade orgânica" entre empresas estatais e multinacionais, pois o Estado abastecia o mercado interno com insumos básicos e garantia esse mesmo mercado às multinacionais, sendo que estas se aproveitavam de facilidades para sua expansão.

O modelo de substituição das importações no Brasil ficou, nessa época, restrito ao mínimo necessário para a produção (Cassiolato e Lastres, 2001), sem investimentos na inovação. A partir do segundo choque do petróleo em 1979, com o esgotamento do modelo de substituição das importações, o Brasil passou por um momento de desequilíbrio em seu quadro macroeconômico e de fechamento sobre si mesmo (Cassiolato e Lastres, 2001). De acordo com Polanyi (apud Arbix, 2002), as sociedades resistem à sua pulverização e, quando ameaçadas, suas instituições buscam proteção e sobrevivência. A década de 1980 e o início dos anos 1990 foram marcados no Brasil, e em diversos países da América Latina, pelo seu esgotamento econômico, pelo declínio das exportações e pela redução da participação no mercado global. Por outro lado, os Tigres Asiáticos receberam fortes investimentos internacionais, em especial dos EUA e do Japão, investimentos esses destinados ao desenvolvimento de seu parque industrial, voltado para a produção de bens para exportação, em sua maioria baseados na indústria de inovação. Esse direcionamento de investimentos ocorreu por diversas razões econômicas ou políticas, como: mão de obra barata, pequeno mercado consumidor interno, proximidade de blocos socialistas, entre outras. Diante desse quadro, os investimentos brasileiros no setor portuário minguaram, enquanto nos países asiáticos o setor se desenvolveu muito rapidamente.

A partir dos anos 1990, o excessivo controle do Estado sobre a economia no Brasil é substituído pelas privatizações, e observa-se um crescimento nas importações voltadas para a produção. Os países da América do Sul, em linha com o receituário do Fundo Monetário Internacional (FMI) para países emergentes, adotaram um modelo de modernização da economia e de promoção do crescimento industrial e comercial apenas a partir dessa década, tardiamente se comparado aos Tigres Asiáticos, que iniciaram o mesmo processo já nos anos 1960 (Arbache, 2003). É por essa razão que, na literatura econômica, os países da América do Sul são denominados *late-comer countries*. Mas essa tardia inserção ocorreu simultaneamente em diversos países, gerando uma inédita concorrência no Cone Sul, provocando uma compressão da lucratividade na oferta de *commodities* ao mercado internacional.

Em decorrência da falta de investimentos em infraestrutura e modernização, essa rápida e simultânea internacionalização do comércio na América do Sul provocou a instalação do atual quadro nacional: grande demanda por acesso ao comércio global por parte de empresas brasileiras ou multinacionais aqui instaladas, convivendo com grande defasagem em infraestrutura (portos, vias de acesso aos portos e logística) e elevadas tarifas. Os custos logísticos e de infraestrutura são, naturalmente, refletidos nos custos de exportação. Tais custos são evidenciados em levantamentos como os realizados pela Associação Brasileira do Agronegócio (Abag), relativos ao custo total da soja colocada no porto de Rotterdam (Perera et al., 2003), apresentados no quadro 1, onde se observa que o menor custo da produção nacional é comprometido pelos custos de frete e armazenagem, custo portuário, frete marítimo e, principalmente, frete até os portos.

Quadro 1	COMPOSIÇÃO DO CUSTO DA SOJA COLOCADA NO PORTO DE ROTERDÃ (EM US$/TON.)	
ITEM	**EUA**	**BRASIL**
Custo de produção	222	197
Frete e armazenagem regional	10	15
Frete até os portos	10	40
Custo portuário	3	8
Frete marítimo até Roterdã	15	20
ICMS	–	26
Total	**260**	**306**

Fonte: Perera et al. (2003).

Nosso custo de exportação é superior ao dos Estados Unidos devido às diferentes densidades rodoviária e ferroviária nos dois países, em termos de quilômetros de estradas por quilômetro quadrado de território.

Quadro 2	COMPARATIVO DE DENSIDADES RODOVIÁRIA E FERROVIÁRIA	
DENSIDADE	**EUA**	**BRASIL**
Rodoviária	18	373
Ferroviária	4	17

Fonte: Perera et al. (2003).

A construção de ferrovias e hidrovias é fundamental para a redução do custo de exportação brasileiro; além disso, a escolha do modal de transporte também precisa ser considerada. De acordo com Caixeta Filho e Gameiro (2001), o custo do transporte de uma tonelada de carga pelo modal rodoviário é cerca de quatro vezes mais alto do que seu transporte por hidrovias, e o Brasil é um dos países mais favorecidos no que se refere a essa modalidade de transporte, ainda muito pouco explorada. Tal cenário evidencia a interdependência entre as políticas internas (investimentos em infraestrutura, logística, portos, incentivos fiscais e financeiros) e a participação brasileira no comércio mundial.

Em síntese, o Brasil é uma das grandes economias mundiais e conta com uma das mais extensas costas navegáveis. No caso de algumas *commodities* muito comercializadas, tem os menores custos de produção, mas, por outro lado, participa com cerca de apenas 1% no comércio internacional, em parte devido ao fato de ter um dos maiores custos de transporte e portuário. Esse quadro é decorrência de um contexto histórico-político, pois o Brasil se inseriu no mercado global:

- com certo retardo, quando comparado a países mais desenvolvidos e aos Tigres Asiáticos;
- simultaneamente com muitos outros países com economias assemelhadas, estimulados pelas recomendações do Consenso de Washington;
- bruscamente, sem o planejamento necessário e sem o desenvolvimento da infraestrutura necessária.

É esse o cenário, resumidamente, para todo estudo e análise que tenha como objeto a questão portuária brasileira. É a partir de tal contexto que se torna possível entender o setor portuário nacional e quais caminhos devem ser seguidos para a superação dos atuais obstáculos.

Capítulo 1

Portos e comércio exterior

EDUARDO MARIO DIAS

HELIOS MALEBRANCHE

SÉRGIO PAULO PERRUCCI DE AQUINO

VALÊNCIO GARCIA

A política de exportações brasileira

Na década de 1960, iniciou-se uma política de apoio às exportações, na tentativa de diversificá-las e aumentá-las, complementando a política de barreiras impostas à importação. Tais barreiras eram parte de uma estratégia de desenvolvimento industrial via substituição dos produtos importados por produtos produzidos no Brasil. Até a década de 1990, essa política direcionou fortemente recursos aos produtos manufaturados, sem nenhum viés setorial.

Um importante ator nessa política de substituição foi a Cacex (Carteira de Comércio Exterior) do Banco do Brasil, um órgão de fomento de modelo centralizado, criado em 1953, que acumulava as funções de financiamento, concessão de incentivos e promoção das exportações brasileiras. Para tanto, apoiava-se na política cambial favorável às vendas externas (exportações), existente desde 1968. Ao longo do tempo, houve pequenas variações na utilização desses instrumentos reguladores, mas os incentivos cambiais, fiscais e creditícios sempre estiveram presentes como fomentadores das exportações, até que, no final dos anos 1980, pressões comerciais levaram ao esgotamento do modelo Cacex, oficialmente desativado em 1990.

Entre os anos de 1964 e 1974, de acordo com Braga e Tyler (1990), a política de incentivos à atividade exportadora focou, principalmente, os produtos manufaturados. Em 1964, reduziu-se a carga tributária indireta nas exportações e, consequentemente, houve o incremento dos subsídios creditícios e fiscais. As medidas mais importantes foram os créditos-prêmio do imposto sobre produtos industrializados (IPI) e do imposto sobre circulação de mercadorias (ICM), bem como as isenções desses impostos.[1] Ademais, houve a eliminação de impostos incidentes sobre insumos importados para utilização em produtos que seriam exportados (*drawback*). Somando-se a isso, destacam-se os impactos de benefícios fiscais a programas especiais de exportação (Befiex) — um sistema especial de benefícios que foi aprovado pela Comissão para Concessão de Benefícios Fiscais a Programas Especiais de Exportação (Comissão Befiex) —, os incentivos financeiros pré e pós-embarque e a redução do imposto de renda. Ainda como parte do sistema de promoção e premiação às exportações, de 1968 em diante, a política cambial procurou manter a estabilidade da taxa de câmbio real, conforme ressaltam Iglesias e Veiga (2002).

Os resultados obtidos com incentivos e subsídios foram fortemente acelerados no intervalo de 1976 a 1979. Entretanto, em dezembro de 1979, com a grande desvalorização da moeda e sob pressões do GATT (*General Agreement on Tariffs and Trade*: Acordo Geral sobre Tarifas e Comércio), a concessão do crédito-prêmio de IPI foi suspensa e os incentivos financeiros foram significativamente reduzidos. A partir de 1980, verificou-se a ampliação do programa Befiex, que passou a ter um peso semelhante ao da isenção do IPI. Em 1981, o crédito-prêmio do IPI foi restabelecido e os incentivos financeiros voltaram a crescer em importância. Prosseguindo na linha cronológica, em 1983, por conta da maxidesvalorização e da crise da dívida

---

[1] Com a Constituição Federal de 1988, o ICM passou a incluir serviço, sendo denominado imposto sobre circulação de mercadorias e serviços (ICMS).

externa, houve um declínio do valor real dos subsídios e a gradual extinção do crédito-prêmio do IPI/ICM — representando, novamente, uma diminuição dos incentivos financeiros.

O período que se seguiu alterou o quadro do comércio exterior brasileiro. Como assinala Valêncio Garcia,

> a década de 90 começou, no Brasil, com a adoção de uma série de medidas que sinalizaram uma significativa inflexão nos rumos da política de comércio exterior até então vigente. Essas medidas estiveram focadas na política de importação, mas não pouparam instrumentos de apoio às exportações que já vinham sendo desativados nos anos anteriores. Do lado das importações, anunciou-se, em junho de 1990, um cronograma tarifário destinado a implementar uma nova estrutura de tarifas de importações a ser gradualmente implantada ao longo dos cinco anos seguintes. Além disso, também em 1990, foram eliminadas diversas barreiras não tarifárias administradas tradicionalmente pela Cacex — Carteira de Comércio Exterior do Banco do Brasil. Do lado das exportações, ainda em 1990 a Cacex deixou de existir — e com ela o modelo institucional que sustentou a política nos 25 anos anteriores a 1990 —, foram eliminados os subsídios fiscais, o Beficx foi desativado (mantendo-se, porém, a validade dos contratos em vigor). Porém o tratamento favorável, em termos de imposto de renda sobre o lucro gerado pelas operações de exportação, a isenção governamental de IPI e ICMS para as exportações de manufaturados e o regime de *drawback* foram mantidos [Veiga e Iglesia, 2003, apud Garcia, 2008:2].

Em 1995, criou-se a Câmara de Comércio Exterior (Camex) da Presidência da República, uma instância interministerial voltada para a coordenação de ações do governo na área de exportações, visando superar as consequências da extinção da Cacex (em 1990). Os esforços para recriar uma política de exportação no Brasil começaram a se intensificar novamente e, em 2000, iniciou-se a consolidação de um sistema público de crédito às exportações baseado em três pilares: (1) créditos do BNDES-Exim (programa de apoio às exportações); (2) seguro de crédito à exportação; (3) mecanismo de equalização do Programa de Financiamento às Exportações (Proex). A linha de financiamento do Proex, menos relevante no conjunto do sistema público de crédito às exportações, buscava atender prioritariamente a empresas de menor porte e teve um papel relevante no apoio preferencial às exportações de serviços de engenharia, principalmente para países da América Latina.

A década de 1990 também foi marcada por outros mecanismos e políticas, indo além das medidas de desoneração tributária das exportações, de melhoria das condições de financiamento das vendas externas e de reorganização do sistema público de promoção comercial. Foram ações que objetivaram direta ou indiretamente o aumento da competitividade, da produção doméstica e, por essa via, a criação de condições para a expansão das exportações.

Exemplo dessas políticas é a eliminação dos monopólios estatais nas infraestruturas, principalmente nas áreas de petróleo, telecomunicações e distribuição de gás canalizado. Além disso, as novas regras de acesso ao mercado de produção e distribuição de energia elétrica, bem como as privatizações dos setores de transporte (rodovias, ferrovias e portos), tiveram importante papel no avanço das políticas de incentivo ao comércio exterior. Mudanças regulatórias, como a criação de agências independentes para setores específicos, como portos (Antaq), rodovias (ANTT) e telecomunicações (Anatel), também foram determinantes para a expansão, melhoria e redução de custos das infraestruturas.

No início de 2003, a Camex promoveu uma reformulação na linha de crédito do Proex-financiamento, voltando-se exclusivamente para as micro, pequenas e médias empresas (faturamento anual de até R$ 60 milhões). A procura por financiamento das empresas de grande porte passou a ser integralmente direcionada para o BNDES-Exim. Nessa época, implementou-se, através do BNDES, o "Programa de Apoio a Investimentos de Empresas Brasileiras de Capital Nacional no Exterior, com o objetivo de apoiar a internacionalização de empresas brasileiras". Essa nova linha "financiava investimentos em comercialização, logística, infraestrutura de serviços de apoio às exportações, instalação de unidades produtivas no exterior e até formação de *joint ventures*" (Garcia, 2008:3).

De maneira geral, como alerta Garcia (2008:4), impactos positivos sobre as exportações dependiam da efetivação de novos investimentos pelos concessionários ou proprietários e não apenas do regime regulatório aplicável aos serviços privatizados e à concorrência entre os prestadores de serviços.

A Lei de Modernização dos Portos e o sistema de segurança internacional

O modelo portuário anterior à Lei nº 8.630/1993, também conhecida como Lei de Modernização dos Portos, era de alguma forma viável, devido às limitadas trocas comerciais internacionais da época, apresentando as seguintes características:

- movimentações de mercadorias sem uniformidade;
- longa permanência de embarcações em operações;
- reduzidas pressões sobre os custos operacionais.

O advento do contêiner, que muito contribuiu para os sistemas de transportes, e a globalização agravaram significativamente as pressões por operações portuárias ágeis e seguras, características que se tornaram fundamentais no disputado mercado internacional. A atuação no comércio mundial demandava portos e aeroportos com infraestrutura, equipamentos e procedimentos modernos, além de mão de obra qualificada. Nesse sentido, a Lei de Modernização dos Portos estruturou um novo modelo para operações portuárias, com atuações compartilhadas entre os setores público e privado, tanto nas implantações quanto nas operações portuárias. Essa lei visou implantar no Brasil o mesmo modelo vigente nos principais países referenciais de eficiência e competitividade no comércio internacional e, através dela, foi implantado no país o primeiro modelo de parceria entre agentes públicos e privados (PPP), cabendo ao poder público a administração e disponibilização da infraestrutura de uso geral e à iniciativa privada os investimentos e processos relacionados com as operações portuárias. Os quadros 3, 4 e 5 apresentam um comparativo entre o modelo anterior à Lei de Modernização dos Portos e aquele a partir de sua vigência.

Quadro 3 | COMPARAÇÃO ENTRE OS MODELOS PORTUÁRIOS

	MODELO ANTERIOR	NOVO MODELO
Atracação de navios	Longo período de atracação	Reduzido período de atracação
Unidades de armazenagem	Muitos armazéns dentro e fora dos limites do porto	Poucas unidades de armazenagem
Equipamentos de transporte	Muitos equipamentos de transporte e mobilidade de carga dentro das áreas portuárias	Poucos equipamentos de mobilidade de carga no porto, porém altamente eficientes
Tipo de carga	Cargas variadas (carga geral) e pouquíssimas especializações	Cargas especializadas (contêineres – granéis – RoRo e especiais)

Quadro 4 | O PORTO E O TRABALHO PORTUÁRIO

	MODELO ANTERIOR	NOVO MODELO
Atividades acessórias	Grande quantidade de atividades empresariais ligadas ao sistema portuário (principalmente correlatas)	Redução de atividades acessórias, mas crescimento da prestação de serviços às empresas operadoras
Postos de trabalho no porto	Mão de obra extensiva, grande quantidade de postos de trabalho no porto	Redução da quantidade de postos de trabalho no porto
Postos de trabalho fora do porto	Reflexos econômicos positivos com o crescimento das atividades portuárias	Reflexos econômicos iniciais negativos, mas crescimento do trabalho no retroporto e em prestação de serviços
Qualificação da mão de obra	Qualificação dos trabalhadores portuários orientada na capacidade física e em procedimentos tradicionais	Necessidade de trabalhadores portuários com qualificação focada em equipamentos especiais e TI

Quadro 5 | O PORTO E A CIDADE

	MODELO ANTERIOR	NOVO MODELO
Crescimento do porto	Ao longo da linha d'água, em estreita faixa entre a atracação e o limite da área operacional portuária (média de 50 m)	Maior crescimento da retaguarda (média de 500 m)
Interferência urbana	Reduzida interferência urbana pelas atividades portuárias diretamente (convívio aceitável)	Aumento da interferência na vida urbana, em especial pelo transporte de contêineres
Áreas para expansão	Disponibilidade de áreas para crescimento da cidade e do porto	Baixa disponibilidade de áreas para crescimento sem impacto ambiental
Regramentos	Reduzidas regulamentações para crescimento da cidade e do porto	Crescente regulamentação para crescimento da cidade e do porto — licenciamentos ambientais e legislações

Fonte dos quadros 3, 4 e 5: autoria de Sérgio Paulo Perrucci de Aquino.

A descentralização na gestão portuária foi uma das consequências da Lei nº 8.630/1993, seguindo modelos de portos como Roterdã, Antuérpia, Los Angeles, Houston. Através dessa lei, foi criado o Conselho de Autoridade Portuária (CAP), com a competência de estabelecer normas e procedimentos para operação portuária, sendo considerado o instrumento máximo da gestão portuária local. Foi também criado o Órgão Gestor de Mão de Obra (Ogmo), responsável pela gestão de toda a mão de obra avulsa, restando para as convenções coletivas ou acordos coletivos a organização do trabalho, que inclui a norma disciplinar, o salário e a composição de equipe, além da arbitragem na solução de conflitos, o que representou uma evolução nas relações do trabalho portuário. A Lei de Modernização dos Portos criou, ainda, o Centro de Treinamento do Trabalhador Portuário (Cenep), para requalificar os trabalhadores portuários, e a figura do operador portuário.

A reforma portuária ampliou o espaço de atuação privada, dando mais dinamismo à atividade. Ela foi fundamental para a retomada do crescimento e para a redução do "custo Brasil". A fim de obter a modernização, foram necessários investimentos em equipamentos e instalações para aumentar a eficiência dos serviços e reduzir seus custos, além de novas formas de regulamentação das operações e do uso da mão de obra. Outras medidas foram implementadas, como o regime "24 por 7" adotado no porto de Santos em 1997. Nesse regime, o porto opera em sistema de 24 horas continuadas nos sete dias da semana, através de quatro turnos de seis horas. Esse funcionamento ininterrupto propiciou maior agilidade à movimentação de cargas e redução dos custos logísticos. Tal medida foi essencial para atender às necessidades de escoamento contínuo de cargas, aumentando em muito o volume de mercadorias do porto. Esses avanços exigiram reformulações em toda a cadeia logística, como a implantação de uma estrutura de acesso para navios de grande porte e uma ampla diversidade de terminais especializados, de modo que a operação ocorresse dentro dos padrões internacionais de qualidade e de custos logísticos.

A Lei nº 10.233/2001, seguindo uma tendência mundial de agencificação, criou a Agência Nacional de Transportes Aquaviários (Antaq), órgão independente (autarquia de regime especial) de regulação dos portos e do transporte aquaviário. Em 2005 foi criada, pela prefeitura de Santos, a primeira secretaria municipal exclusivamente voltada para questões portuárias e marítimas, e, em 2007, foi criada a Secretaria de Portos (SEP), órgão vinculado à Presidência da República.[2]

Estas inovações legais e estruturais geraram grande melhoria na competitividade das empresas locais atuantes no comércio internacional, tanto pela eficiência nos sistemas logísticos quanto pela redução do "custo Brasil". Para aprofundar seus efeitos, era funda-

---

[2] A Lei nº 12.314, de 19 de agosto de 2010, em seu art. 3º, inciso IV, transformou a "Secretaria Especial de Portos" em "Secretaria de Portos da Presidência da República". Deve-se lembrar, entretanto, que a nomenclatura "Secretaria Especial de Portos" é comumente encontrada na literatura especializada por ser recente a lei que a modificou.

mental a adoção de procedimentos administrativos e operacionais mais modernos que, acompanhando a atualização dos equipamentos, poderiam gerar operações logísticas seguras e ágeis.

Da mesma forma que o naufrágio do *Titanic* (1912) originou a convenção Safety of Life at Sea (Solas) ou Segurança da Vida no Mar, como consequência direta dos atentados terroristas de 11 de setembro de 2001 nos EUA a XXII Assembleia da Organização Marítima Internacional (IMO) revisou, naquele ano, os regulamentos de segurança marítima. Em sequência, a IMO definiu novas medidas de segurança em uma conferência diplomática de 2002, dando origem ao International Ship and Port Facílity Security Code ou Código Internacional para a Proteção de Navios e Instalações Portuárias (ISPS Code).

As empresas administradoras das instalações portuárias brasileiras têm a orientação de implementar seus "planos de segurança do ISPS Code", cujos objetivos principais são, resumidamente, os seguintes:

- estabelecer uma estrutura para detectar ameaças e tomar medidas preventivas contra incidentes que afetem navios ou instalações portuárias;
- estabelecer responsabilidades dos governos, a fim de garantir a proteção marítima;
- garantir a coleta e troca eficaz de informações relativas à proteção;
- prover metodologia para avaliações de proteção, de modo a traçar planos e definir procedimentos para responder a alterações nos níveis de proteção;
- garantir que medidas de proteção sejam implementadas.

A fim de atingir seus objetivos, esse código incorpora uma série de requisitos funcionais, dos quais, para navios e instalações portuárias, destacamos alguns que envolvem intensivamente o uso de tecnologia da informação (TI):

- coletar e avaliar informações referentes a ameaças;
- estabelecer protocolos de comunicação;

- prevenir acesso não autorizado;
- utilizar alarmes como reação a ameaças ou incidentes de proteção.

No caso específico dos navios, as recomendações de proteção que mais envolvem aplicações de TI são:

- controlar acessos, o embarque de pessoas e de seus pertences;
- assegurar, nas áreas de acesso restrito, a presença apenas de pessoas autorizadas;
- monitorar áreas de convés e em torno do navio;
- supervisionar o manuseio de cargas e de provisões do navio;
- disponibilizar prontamente as informações relativas à proteção.

Quanto à proteção das instalações portuárias, as diretrizes mais relacionadas à TI são:

- controlar o acesso às instalações portuárias;
- monitorar as instalações portuárias, incluindo áreas de fundeio e atracação;
- monitorar áreas de acesso restrito, a fim de assegurar que somente pessoas autorizadas tenham acesso às mesmas;
- supervisionar o manuseio de cargas e de provisões do navio;
- assegurar que comunicações de proteção estejam prontamente disponíveis.

O novo modelo portuário nacional, assim como o conjunto de recentes programas internacionais voltados para portos e aeroportos, gerou a implantação de procedimentos e sistemas de controle extremamente complexos. Esses procedimentos e controles exigem a utilização intensiva de TI. Em particular, os sistemas de segurança, como os que integram o ISPS Code, necessitam da TI para garantir efetivos controles no acesso de pessoas, veículos e movimentações de cargas nos portos e aeroportos. Como visto, as diretrizes do ISPS Code tornam fundamental a utilização intensiva de TI, de modo a serem atendidas as necessidades de forma ágil e segura. Apesar do advento da Nova Lei dos Portos (Lei nº 12.815/2013), essas exigências não se dissiparam.

Os problemas resultantes do abandono da Lei nº 8.630/1993

Qualquer análise, por mais superficial que seja, reconhecerá as grandes melhorias nos portos brasileiros que foram propiciadas pela vigência da Lei nº 8.630/1993, mas também verificará que os problemas portuários foram se intensificando na mesma sequência em que a mencionada lei era abandonada ou não aplicada adequadamente. Para perceber isso, basta um breve resumo:

1) Enquanto o processo de descentralização avançava, as decisões administrativas e operacionais, e ainda, principalmente, as licitações para novos terminais se desenvolviam com grande celeridade:

a) definido um modelo padrão de licitação, criado inclusive em Santos, denominado Proaps, as licitações sequenciais eram desenvolvidas exclusivamente no porto sob o comando da administração local e utilizando, em média, seis meses. Na medida em que vários intervenientes externos, em geral de Brasília, passaram a atuar na administração portuária, os procedimentos licitatórios passaram a contar com intermináveis consultas e definições de novos regramentos;

b) as atividades de responsabilidade da administração portuária, como dragagens e outros acessos, eram licitadas e os serviços realizados com mais celeridade.

2) Enquanto a governança corporativa, com atuação do Conselho de Autoridade Portuária (CAP), era valorizada pelo porto, os problemas, com envolvimento de vários intervenientes locais, quer públicos ou privados, eram debatidos no colegiado e em geral encontradas soluções.

3) Enquanto o conceito de porto público e terminal privativo foi respeitado, não havia disputa, já que a iniciativa privada considerava adequada sua atuação nos arrendamentos de áreas nos portos organizados (portos públicos), conforme é o modelo mundial.

Entretanto, como as administrações portuárias foram se tornando "engessadas" e, portanto, sem agilidade para as licitações e para o atendimento de suas funções, parte do segmento empresarial buscou encontrar uma solução alternativa.

Essa solução alternativa foi a utilização do terminal privativo de uso misto, para movimentação somente de cargas de terceiros, ao invés do que era o entendimento da lei, inclusive quando foi debatida no Congresso.

Dessa forma, muito embora a Lei nº 8.630/1993 objetivasse a descentralização da gestão e administração portuária, o que se via, na prática, eram as medidas governamentais, por meio de atos infralegais e legislações conflitantes, centralizando suas ações e inviabilizando a aplicação do modelo portuário mundial.

Esse abandono dos regramentos e princípios da Lei nº 8.630/1993, em resumo, resultou em:

1) centralização da gestão e administração portuárias;
2) permanente interferência política sobre os dirigentes portuários;
3) desestímulo e pouca profissionalização dos dirigentes portuários e de seus quadros funcionais;
4) paralisação total do programa de arrendamentos portuários (em 10 anos, nenhuma licitação realizada no porto de Santos) e, portanto, não atendimento das necessidades de contínua expansão das instalações portuárias;
5) não disponibilização dos serviços essenciais para as atividades portuárias, como dragagem, controles logísticos etc.;
6) reduzidíssimos, ou quase inexistentes, investimentos nas infraestruturas de acessos necessárias aos portos (terrestres e aquaviários);
7) surgimento do conflito entre os portos organizados (públicos) e os terminais privativos de uso misto;
8) reduzida atenção para a qualificação do segmento laboral portuário, já que inclusive os recursos para treinamentos recolhidos para o governo não eram aplicados adequadamente.

A tese da necessidade de uma nova lei portuária

O abandono dos regramentos e princípios da Lei nº 8.630/1993 e a necessidade de melhora da competitividade dos portos no comércio exterior estabeleceram o cenário para um novo marco regulatório portuário no Brasil. Realmente, alguns pontos da Lei nº 8.630/1993 precisavam ser revistos ou readequados, já que ao longo de sua existência foram sendo distorcidos por meio de instrumentos infralegais ou por novas legislações.

Alguns argumentavam que as filas de caminhões e de navios eram decorrentes da inadequação da lei, que precisava ser revista. No entanto, tratava-se de um problema de falta de infraestrutura, não da lei.

Além disso, a implantação da Antaq, o surgimento da SEP, melhores regramentos para o CAP e ainda o julgamento do Tribunal Superior do Trabalho (TST) sobre a preferência e não exclusividade na contratação de trabalhadores com vínculo permanente são exemplos de pontos que exigiam reposicionamentos. Também a definição do conflito entre terminal privativo de uso misto e portos organizados (públicos), no tocante a carga de terceiros, era outro ponto de fundamental importância a exigir uma solução definitiva.

Um dos grandes problemas levantados foi o da carga própria. Uma solução seria permitir que qualquer terminal, no porto organizado ou em terminal privativo, pudesse operar qualquer carga, não havendo necessidade de carga própria para sustentar o terminal privativo. Cabe também não esquecer que, na época, vários setores se posicionaram contrariamente à tese de liberar cargas de terceiros para terminais privativos.

É importante destacar que esse problema conflituoso existia, essa disputa comercial entre dois sistemas de exploração portuária envolvia as possibilidades para a iniciativa privada atuar no sistema portuário: arrendamentos de áreas nos portos organizados ou implantar terminais privativos.

Não há como negar que o Brasil enfrenta sérios problemas na logística de comércio exterior, envolvendo, portanto, também os portos que fazem parte dessa cadeia, os quais carecem de infraestrutura e ferramentas de gestão adequadas.

Nem tudo o que acontece no porto é problema de exclusiva responsabilidade do porto. Os seguintes temas podem ser apontados como problemas dos portos brasileiros:

1) problemas nos acessos terrestres (rodoviários e ferroviários);

2) problemas nos acessos aquaviários (necessidade de dragagens de aprofundamento e de manutenção);

3) necessidade de administrações portuárias independentes e profissionalizadas;

4) necessidade na viabilização de portos autônomos — nas suas atividades e na capacidade financeira, inclusive para investimentos;

5) necessidade de integração e harmonização dos agentes públicos de comércio exterior (inclusive por meio de sistemas informatizados);

6) necessidade de integração entre o porto e a cidade.

O novo marco regulatório dos portos

Após 20 anos da vigência da Lei nº 8.630/1993, a sociedade demandou uma nova lei para aperfeiçoar a regulamentação dos portos brasileiros. Dessa forma, através da MP nº 595/2012 foi estabelecido o novo marco regulatório brasileiro: a Lei nº 12.815/2013 e o Decreto nº 8.033/2013.

Com a MP nº 595/2012, o governo surpreendeu todos os envolvidos, e após debates na Comissão Mista do Congresso e nos plenários da Câmara dos Deputados e do Senado Federal obteve aprovação da nova legislação, Lei nº 12.815/2013, com pouquíssimas alterações do texto original.

A base desta nova lei foi buscar um regramento que atendesse ao novo entendimento do governo de que deveria ser extinta a diferenciação nas operações portuárias de cargas, próprias ou de terceiros, nos terminais privativos, que passaram a ser denominados terminais de uso privado (TUPs).

O cerne do questionamento sobre a possibilidade de o antigo terminal privativo operar livremente as cargas de terceiros estava na interpretação constitucional de que o serviço portuário seria classificado como "serviço público" e, portanto, somente poderia ser exercido pela iniciativa privada mediante processo licitatório. Como os antigos terminais privativos não participavam de processo licitatório, mas recebiam uma autorização, como ato discricionário do poder público, alegava-se que esses terminais não poderiam movimentar apenas cargas de terceiros, já que isso se caracterizaria "serviço público".

Para resolver tal questionamento o governo federal utilizou a interpretação de que serviço portuário não é serviço público e, para ter maior proteção para o novo modelo, definiu no novo marco regulatório que as licitações nos portos organizados (portos públicos) objetivariam a utilização de bem público e não a exploração do serviço portuário. Em resumo: segundo a nova lei portuária, Lei nº 12.815/2013, as licitações serão adotadas para que a iniciativa privada utilize bens públicos, as áreas e instalações dos portos organizados, não havendo licitação para concessão do direito de explorar a atividade portuária.

As bases e princípios da nova Lei dos Portos: Lei nº 12.815/2013 e Decreto nº 8.033/2013

A interpretação e a estratégia adotadas pelo governo federal para a nova lei portuária objetivaram implantar no Brasil dois regimes de exploração da atividade portuária:

1) Porto organizado (porto público): conceito do *landlord* — modelo adotado mundialmente (inclusive na China) e que já existia na lei anterior (Lei nº 8.630/1993);

a) nesse regime, a iniciativa privada pode atuar mediante licitação pública para arrendamento de área e instalações do porto organizado (porto público), ou seja, para arrendamento de bem público;

b) sua área de abrangência é definida por decreto do governo federal que delimitará seus limites, ou seja, a poligonal do porto organizado.

2) Terminal de uso privado: instalação portuária que será implantada, administrada e operada pela iniciativa privada prestando serviço ao público em geral, podendo movimentar qualquer carga — própria ou de terceiros. Considerando que não se trata de um simples terminal, mas de um porto, poderia ter sido denominado porto privado. As principais características desse regime são:

a) a iniciativa privada pode atuar com a implantação de um porto mediante autorização emitida pelo poder público, através de uma chamada ou anúncio público;

b) somente poderá ser instalado em área fora dos limites do porto organizado, ou seja, fora da poligonal do porto;

c) de forma excepcional, os antigos terminais privativos, instalados dentro da área do porto organizado, que serão transformados em terminais de uso privado, podem continuar operando normalmente. A exceção também se aplica aos pedidos protocolados na Antaq até dezembro de 2012 para autorização de novos terminais privados dentro dos limites do porto organizado.

Porém a nova legislação não altera somente os regimes de exploração portuária; ela interfere e reformula totalmente o sistema portuário nacional, conforme os seguintes destaques:

1) modificação significativa da competência da Antaq, cuja condição de poder concedente foi transferida para a SEP;

2) transferência para a SEP de competências anteriormente atribuídas às administradoras portuárias, por exemplo, assinatura de contratos de arrendamento;

3) alteração da finalidade, da competência e da composição do CAP transformando-se em órgão consultivo, composto por representantes do poder público (50%), da classe empresarial (25%) e da classe trabalhadora (25%). Em relação à composição da lei anterior, houve um aumento expressivo da influência da administração direta, que antes compunha somente 18,75% das vagas do conselho;

4) alteração dos critérios de julgamento das licitações para arrendamento de áreas e instalações portuárias, introduzindo a adoção do menor preço, maior capacidade e outros;

5) centralização na SEP de todas as definições estratégicas dos portos, inclusive a aprovação do Plano de Desenvolvimento e Zoneamento (PDZ);

6) reintrodução de regramentos laborais que já haviam sido extintos na legislação anterior, tais como: o enquadramento de categoria profissional diferenciada e exclusividade para os registrados avulsos.

A iniciativa privada e as evoluções do comércio exterior no Brasil

A busca por vantagens competitivas é fundamental para a sobrevivência das empresas atuantes no comércio exterior. As frequentes mudanças no ambiente empresarial exigem que as empresas tenham uma elevada capacidade de adaptação, podendo adotar basicamente duas estratégias na busca por vantagem competitiva: competição por preço e diferenciação de serviços ou produtos.

Nesse cenário, as empresas tendem a direcionar seus recursos às atividades de sustentação do negócio e de maximização do desempenho através de parcerias com intervenientes que possuam excelência nas demais atividades necessárias à sua atuação no mercado global.

Enquanto são aguardadas medidas do poder público visando maior competitividade da produção brasileira no comércio exterior, a iniciativa privada tem buscado mudanças no perfil de suas ações. Mas alguns fatores que dependem da interferência do governo federal representam grandes entraves para a competitividade do país. Por exemplo, as questões cambiais que demandam a interferência do Banco Central.

Em 2009, houve profunda mudança na composição das importações e das exportações brasileiras. No caso das exportações tal fato se deu devido à queda das vendas de produtos com maior valor agregado e se explica pelos seguintes fatores: crise nos países industrializados, valorização do real, preços altos em razão da carga tributária brasileira, baixa tecnologia e a concorrência chinesa.

Há, ainda, grande necessidade de revisão das ações estratégicas do governo federal, frente às realidades do comércio internacional e às condições que as empresas nacionais são obrigadas a enfrentar. Hoje, no Brasil, verifica-se o processo de mudança das empresas para o interior do país, visando à redução dos custos de produção. Esse movimento aumenta a distância a ser percorrida para se chegar ao ponto de embarque da carga para exportação. Assim, são necessários a redução da burocracia e o aumento dos investimentos em instalações logísticas, de modo a aumentar a participação do Brasil no comércio mundial.

A atração de grandes investimentos é também um desafio que se impõe, sendo fundamental para gerar escala de produção e transformar o Brasil em plataforma de exportação para outros mercados. Tais investimentos precisam alcançar regiões menos desenvolvidas. Para a Fundação Centros de Estudos do Comércio Exterior (Funcex), a saída não é atrair investimentos a altos custos, como ocorreu nos anos 1990, quando os estados competiram via "guerra fiscal", mas sim diversificar a produção, investindo em qualificação de mão de obra, tecnologia, produtos de maior valor agregado e, principalmente, em infraestrutura.

As empresas de pequeno e médio portes no comércio exterior

As empresas de pequeno e médio portes são responsáveis por dois terços dos empregos do país e, quando aumentam suas vendas, necessariamente aumentam seu quadro de pessoal. Por outro lado, nas empresas de grande porte observa-se que o aumento das vendas não está diretamente atrelado ao aumento do número de funcionários, pois suas operações estão baseadas mais em soluções tecnológicas e são menos dependentes da mão de obra.

As micro, pequenas e médias empresas (MPME) no Brasil representam 99% do total de empresas formais, fato similar ao observado em outros países, como EUA, México, Espanha, Portugal, Alemanha e Itália. Também no quesito empregos formais, as MPME se destacam, respondendo, no Brasil, por quase 52% deles, fato também similar ao observado nesses outros países (Sebrae-SP, s.d.).

Por outro lado, as MPME nacionais participam com apenas 27% no produto interno bruto (PIB) (Sebrae, 2014:7), enquanto, em outros países, essas empresas têm níveis muito mais elevados de participação. Quanto às exportações, o mesmo ocorre, pois as MPME nacionais são responsáveis por cerca de 5% do total.

O elevado percentual de participação das grandes empresas nas exportações brasileiras (tabela 1) se deve, em grande parte, à forte participação do segmento de matérias-primas, em geral *commodities*, que são controladas por grandes grupos empresariais detentores de forte capacidade financeira e participação nos mercados mundiais. No caso das micro e pequenas empresas, a baixa taxa de exportação se deve em parte à burocracia e à dificuldade por elas enfrentadas nos processos de exportação. Para este segmento os maiores problemas são a falta de informação e a complexidade dos processos portuários. Essa complexidade envolve um grande número de intervenientes públicos, como: autoridade aduaneira, autoridade portuária, Capitania dos Portos, Polícia Federal, Ministério da Agricultura, Pecuária e Abastecimento (Mapa), Ministério da Saúde e Agência Nacional de Vigilância Sanitária (Anvisa), Ministério da Defesa, Ministério do Meio Ambiente, Corpo de Bombeiros, entre outros. Envolve, também, diversos intervenientes privados, como armadores, agentes de navegação, operadores portuários, sociedades civis de praticagem, rebocadores, transportadores, despachantes aduaneiros, entre outros.

Tabela 1 | EXPORTAÇÕES BRASILEIRAS POR PORTE DE EMPRESA (variação absoluta 2014/2013)

	TOTAL ANUAL		INDÚSTRIA		COMÉRCIO/SERVIÇOS		OUTROS	
	Quant. (*)	Valor US$ (FOB)	Quant. (*)	Valor US$ (FOB)	Quant. (*)	Valor US$ (FOB)	Quant. (*)	Valor US$ (FOB)
Total geral	22.320	-16.932.689.889	238	-13.933.904.697	260	-3.045.428.654	8	-46.697.462
Micro-empresa	402	18.823.984	234	15.799.051	158	3.024.933	0	0
Pequena empresa	309	176.983.075	120	131.100.826	189	45.882.249	0	0
Média empresa	380	758.286.646	287	700.107.274	93	58.179.372	0	0
Grande empresa	-593	-17.933.481.056	-403	-14.780.911.848	-190	--3.152.569.208	0	0
Pessoa física	11	46.703.154	0	0	0	0	11	46.703.154
Porte não definido	-3	-5.692	0	0	0	0	-3	-5.692

Fonte: Ministério do Desenvolvimento, Indústria e Comércio Exterior. Disponível em: <www.mdic.gov.br/sitio/interna/interna.php?area=5&menu=4932&refr= 608>. Acesso em: maio 2015.

* Quantidade de empresas exportadoras.

Outros fatores também influenciam negativamente a participação das MPME, como a falta de previsibilidade e de garantias de custos totais nas operações logísticas e a falta de familiaridade com esses processos, que requerem conhecimentos específicos. As melhorias nos processos logísticos e a agilização dos procedimentos de controle do sistema portuário reduzem o "custo Brasil" e podem viabilizar a participação de MPME, propiciando o crescimento das atividades de comércio exterior.

A necessária simplificação de processos logísticos pode ser realizada através do oferecimento de ferramentas de gestão e integração que possibilitem melhor posicionamento das empresas brasileiras no mercado internacional, permitindo a identificação de oportunidades de crescimento e, principalmente, ampliando a base de sustentação e expansão econômica.

Barreira à simplificação é a ideia de que os atuais processos burocráticos garantem o controle e viabilizam uma competição "limpa" entre produtores e importadores nacionais e, ainda, entre a produção nacional e as fontes de fornecimento internacionais. A utilização de técnicas associadas à TI é capaz de gerar sistemas e procedimentos que apresentem essas garantias, fundamentais para qualquer país que pretenda ser competitivo, como se verifica naqueles que ocupam a linha de frente do desenvolvimento mundial.

Nesse sentido, é fundamental a utilização continuada de tecnologias que aperfeiçoem os controles e gerenciem as etapas logísticas e aduaneiras, liberando os agentes e gestores públicos para que atuem nos serviços de inteligência, desenvolvendo processos investigativos e adotando fiscalizações físicas apenas pontuais. Um sistema envolvendo larga utilização da TI poderá possibilitar esse modelo de gestão de processos e análises de dados.

Como indica a tabela 1, a participação das micro e pequenas empresas nas exportações brasileiras é muito pequena, estando a quase totalidade da atividade exportadora concentrada nas empresas de grande porte. Para aumentar a presença das MPME no cenário das exportações, é necessário eliminar etapas e reposicionar o foco de ação do empresário doméstico para o novo cenário, oferecendo-lhe ferramentas de treinamento e integração que possibilitem, em pouco tempo, posicionar-se estrategicamente no mercado internacional.

A automação, associada à TI, desempenha um papel fundamental na integração e colaboração dos intervenientes públicos e privados, pois propicia visibilidade das informações em toda cadeia de abastecimento, apoiando o processo decisório. Assim, as MPME podem ser beneficiadas pelo acesso a informações, processos e etapas que hoje estão disponíveis apenas de forma dispersa.

Desburocratização dos procedimentos para o comércio exterior

A Constituição Federal de 1988 impõe, como objetivo fundamental do Estado brasileiro, o desenvolvimento nacional (art. 3º, II). No que concerne ao comércio exterior, a inclusão das pequenas e médias empresas no Brasil deve ser uma prioridade por estarem intimamente ligadas à geração de postos de trabalho e desenvolvimento econômico.

De acordo com Luiz Hamilton Lima Mendonça, ex-coordenador-geral de gestão da informação da Secretaria de Portos, em matéria sem data publicada no *site* da entidade,

> o processo portuário depende de uma série de agentes para viabilizar todas as atividades necessárias à consecução da exportação, importação e cabotagem. Há o envolvimento de órgãos governamentais, agências, autoridades e empresas privadas. Cada um desses atores procura se organizar da melhor forma para levar a efeito seus processos, embora sem o indispensável nível de integração com os demais entes do Governo Federal e da Comunidade Portuária [Mendonça, s.d.].

Mendonça assinala que, embora recentes estudos no setor portuário tenham revelado a existência de processos integrados, estes atendem apenas a necessidades específicas de determinado porto e não a todo o conjunto de portos brasileiros, sendo inviável, pelo menos até o momento, a uniformização de documentos e procedimentos. Continua, afirmando que aspectos operacionais, como a inexistência de informações ou dificuldade em obtê-las, a falta da segurança adequada, a redundância de informações e de base de dados, problemas de comunicação e a falta de padronização de sistemas, procedimentos e documentação influenciam negativamente o desempenho e a qualidade do processo.

Com a extinção da Empresa de Portos do Brasil S.A. (Portobras), órgão integrante da administração pública federal, por força da Lei nº 8.029/1990, coube ao Ministério dos Transportes a gestão do sistema portuário brasileiro. Entre as várias ações desenvolvidas no sentido de preencher o vazio institucional decorrente da abrupta extinção da Portobras, destaca-se a aprovação da Lei de Modernização dos Portos (Lei nº 8.630/1993), a partir da qual se estabelece uma nova regulamentação mais privatista nos portos, seguida pela nova Lei dos Portos (Lei nº 12.815/2013), marcada pelo relevante papel dado aos terminais privados e à outorga do porto organizado.

Cresce o entendimento de que a reforma portuária é requisito básico para a retomada do crescimento econômico, bem como de que mais e melhores equipamentos e instalações e sistemas de informação fortemente amparados em TI são necessários para aumentar a eficiência, reduzir custos e aperfeiçoar os controles. É então desenvolvido, em parceria com o Serviço Federal de Processamento de Dados (Serpro), o projeto Sistema de Portos (Sisportos). Esse projeto resultou do mapeamento dos processos portuários e da consequente identificação de um grande número de operações que poderiam ser simplificadas por meio de informatização e criação de uma base eletrônica única de dados. A base única de dados seria disponibilizada aos agentes envolvidos e por eles atualizada. Por ocasião desse mapeamento, constatou-se, nas palavras de Mendonça (s.d.), que

> as agências de navegação marítima utilizam fac-símile e e-mail para acionar os atores envolvidos na operação portuária. Emitem inúmeros formulários para pagamento das taxas, exigindo muitas idas aos bancos, inúmeras emissões de cheques, controles repetitivos, ou seja, a execução de ações que representam meios de trocas não otimizados, excesso burocrático, aumento de tempo de realização e, obviamente, acréscimo representativo do custo operacional. Por sua vez, as agências de navegação marítima, ao operarem em outros portos, enviam as informações em formatos distintos, o que sobrecarrega as suas atividades, que poderiam estar mais voltadas ao agenciamento às cargas e aos navios. Tal fato se dá em função da inexistência adequada de padronização dos documentos e dos procedimentos, fazendo com que cada autoridade portuária exija procedimentos e documentos diferentes.
>
> A conclusão a que os técnicos do Serpro chegaram com o mapeamento foi a de que existe excessiva circulação de papéis [...] no processo portuário e muitas tarefas realizadas manualmente [...]. Todos estes aspectos influenciam negativamente na eficiência das operações [...]

O Sisportos surge, em 2006, para funcionar como "um balcão único de informações" visando "maximizar a harmonização dos procedimentos portuários e proporcionar o aumento da eficiência operacional, administrativa e gerencial, observando procedimentos internacionais de segurança".[3]

---

[3] Disponível em: <www.serpro.gov.br/noticias-antigas/noticias-2006>. Acesso em: out. 2011.

E é nesse contexto que nasce o projeto Porto sem Papel (PSP), do governo federal, capitaneado pela SEP, com *software* desenvolvido pelo Serpro. De acordo com Mendonça (s.d.), o projeto PSP foi

> idealizado para ser um projeto informatizado e integrador, na medida em que promoverá a comunicação de dados entre os diversos entes intervenientes no processo portuário, anuentes ou não, sem que interfira em seus sistemas que farão parte dessa integração, preservando todos os seus aspectos inerentes ao sigilo e a segurança das informações nele produzidas.

Concebido na forma de um portal, recebe informações de cada interveniente na operação portuária e as irradia de maneira inteligente a todos os atores do processo. É possível haver até 26 intervenientes nas estadias de embarcações; no entanto, destacam-se seis, visto que estes participam de 100% das ocorrências. São eles: Anvisa, autoridade portuária, Marinha do Brasil, Vigilância Agropecuária Internacional (Vigiagro), Polícia Federal e Receita Federal. O programa é um conjunto de sistemas reunidos num único portal eletrônico:

- concentrador de dados portuários;
- carga inteligente (cadeia logística inteligente);
- sistemas governamentais (área-meio);
- sistemas operacionais (área-fim);
- VTMS (*vessel traffic management systems*) — sistema de gestão de tráfego de navio;
- sistema de avaliação de desempenho (indicadores);
- portal de informações portuárias.

O Porto sem Papel começou sua implantação em 2011, nos portos de Santos, Rio de Janeiro e Vitória. Hoje, já está em funcionamento em 34 portos públicos, eliminando mais de 140 formulários em papel que foram convertidos para um único documento eletrônico.[4]

Observações sobre o processo brasileiro de exportação

Avalia-se o atual cenário das exportações brasileiras tendo como base o setor industrial e utilizando o modelo das cinco forças de Porter (figura 1), com análise de influência de:

- clientes;
- fornecedores;
- substitutos ao produto ou serviço oferecido pela empresa;
- novos entrantes;
- competidores.

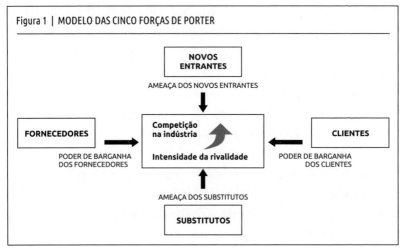

Figura 1 | MODELO DAS CINCO FORÇAS DE PORTER

Fonte: Porter (1985).

---

[4] Sobre o Porto Sem Papel, ver <www.portosdobrasil.gov.br/assuntos-1/inteligencia-logistica/porto-sem-papel-psp> e <www.portosempapel.gov.br>. Acesso em: 11 maio 2015.

Tem ocorrido uma queda significativa nos preços devido ao "poder dos clientes" e à "rivalidade entre concorrentes". Há também a estagnação da indústria brasileira, que afeta principalmente as empresas com altos custos indiretos. Uma possível solução para o exposto na figura 1 é reduzir drasticamente os custos dos produtos (estratégia do preço) ou procurar novos mercados (estratégia da diferenciação). Assim, a indústria brasileira defronta-se com o seguinte dilema:

- reduzir preços ou aumentar qualidade dos produtos, o que diminuirá a margem de retorno ao investidor (lucro); ou
- buscar novos mercados em que os novos clientes ainda percebam diferenciais nos produtos ou onde a concorrência ainda não esteja tão acirrada, podendo a margem de retorno ser mantida.

Na busca por novos mercados destaca-se o ambiente internacional como uma grande opção para geração de resultado para os produtos brasileiros, mas, nesse ambiente, as pressões concorrenciais por preços e qualidade continuam em franco processo de aceleração. Portanto, a empresa de pequeno ou médio porte, quer opte pelo mercado interno ou pelo externo, defrontar-se-á com o desafio de melhorar a qualidade e reduzir preços. E uma forma de melhorar qualidade e reduzir preços envolve a busca, no exterior, de matérias-primas que permitam gerar um produto final com qualidade e preços competitivos. Para isso são necessários portos eficientes e eficazes.

Da análise do porto de Santos e do potencial industrial de sua hinterlândia (*hinterland*), surge naturalmente a ideia de se desenvolver uma política fomentadora da exportação que permita a inclusão da pequena e da média empresa para que, assim, sejam geradas novas riquezas.

Capítulo 2

Comércio exterior
e seus intervenientes

ANTONIO RUSSO FILHO

EDISON DE OLIVEIRA VIANNA JUNIOR

EDUARDO MARIO DIAS

PAULO JOSÉ ZANCUL

A gestão portuária no Brasil é realizada pelo governo em suas três esferas — municipal, estadual e federal — e objetiva a boa administração dos portos e o controle das atividades da logística do transporte de pessoas e de cargas, de comércio por via marítima ou fluvial. É competência do governo desenvolver ações que assegurem que os trâmites portuários ocorram de maneira eficiente e eficaz, monitorando a movimentação nos portos brasileiros, fiscalizando o comércio nacional e internacional. Importante frisar que tais ações salvaguardam os interesses da sociedade brasileira, entre os quais a vida e o patrimônio dos indivíduos quando, por exemplo, realizam o controle do fluxo de divisas, a prevenção da entrada de agentes epidêmicos no território nacional e o combate aos crimes de contrabando, descaminho, pirataria e outros.

Apesar da vasta gama de competências atribuídas ao governo, hoje suas ações, na grande maioria dos portos brasileiros, estão restritas ao controle e supervisão das atividades de logística do transporte exercidas pela iniciativa privada. Diferentes empresas (particulares, públicas e de economia mista) estão incumbidas da exploração comercial dos portos, situação que foi possibilitada a partir da publicação da Lei nº 8.630/1993, também conhecida como a Lei de Modernização dos Portos, que permitiu a privatização da operação portuária no Brasil, tendo sido mantida essa condição pelo atual marco regulatório, a Lei nº 12.815, de 5 de junho de 2013, que revogou e substituiu a Lei nº 8.630/2013.

Com o decorrer do tempo, o grande aumento no fluxo do comércio e o avanço da tecnologia na área de transporte marítimo foram criados diversos tipos de empresas para a execução de diferentes procedimentos específicos das atividades desenvolvidas nos portos, algumas de caráter operacional e outras meramente administrativas ou decorrentes de exigências legais. Nos quadros 6 e 7, serão apresentados, de forma simplificada e não exaustiva, os órgãos de governo (administração direta ou representantes) e as empresas públicas ou privadas intervenientes nos portos, na maioria das atividades portuárias típicas, indicando suas competências, atribuições e respectivos procedimentos/características.

Cabe aqui um esclarecimento quanto ao termo "interveniente", que, segundo o dicionário da língua portuguesa significa "interventor; quem intervém ou interfere no desenvolvimento normal de algo", mas aqui deverá ser interpretado em seu sentido popular na atividade portuária como sendo "qualquer agente atuante no fluxo de comércio internacional pela via aquaviária, tanto intervindo fisicamente na cadeia logística como controlando, fiscalizando, prestando serviço ou documentando essa atividade".

Também é importante explicar que na atuação governamental sobre o comércio exterior deve-se distinguir "órgão interveniente" de "órgão anuente", pois ao primeiro compete, por força de lei, intervir em *todas* as transações comerciais internacionais em que o Brasil (brasileiro pessoa física ou jurídica) seja parte. Dessa forma, são intervenientes propriamente ditos: o Ministério da Fazenda, através da Receita Federal do Brasil, exercendo a fiscalização e os procedimentos de controle e desembaraço aduaneiros; o Ministério do Desenvolvimento, Indústria e Comércio Exterior, através do Departamento de Comércio Exterior, definindo políticas econômicas de governo e valores de tributação; e o Banco Central do Brasil, através de sua atuação no câmbio de moedas. Quanto aos órgãos anuentes, estes são os agentes públicos que interferem no comércio internacional, diretamente ou delegando competência, de maneira pontual e não genérica, isto é, dependendo do tipo de mercadoria ou carga, um órgão específico é demandado a agir na atividade — fiscalizando, anuindo a liberação em função de normas técnicas, especificações, consequências do uso, cuidados na manipulação, enfim, autorizando a transação se atendidas condições ou restrições governamentais em função das características da mercadoria ou da negociação.

Nos quadros a seguir, nomeamos e descrevemos as atividades dos principais intervenientes no comércio exterior, mas apenas para fixação desse conceito, como exemplo de "órgãos anuentes", somente entre os órgãos federais usuários dos diversos módulos dos Sistemas Integrados do Comércio Exterior (Siscomex), que, na verdade, são mais de 23, além dos estaduais e municipais, destacamos: o Vigiagro, do Ministério da Agricultura, Pecuária e Abastecimento; a Anvisa, do Ministério da Saúde; e o CNEM, do Ministério de Minas e Energia.

Portanto, feitas essas observações, pedimos considerar que, em cada citação da palavra "interveniente" neste capítulo, foi utilizada a forma comum do termo, mas que, em função da atividade descrita, seja reconhecido pelo leitor seu significado real, que, no caso dos órgãos públicos, à exceção da RFB, Decex e Bacen, trata-se de "anuentes".

Quadro 6 | ÓRGÃOS DE GOVERNO E EMPRESAS PÚBLICAS INTERVENIENTES NOS PORTOS

AGENTES PÚBLICOS	FUNÇÕES
FEDERAIS	
Secretaria de Portos (SEP)	• Formulação e acompanhamento da política portuária • Gestão da infraestrutura • Gestão dos contratos de arrendamento • Autorização da exploração do terminal portuário • Controle de acessos autorizados • Controle do fluxo de navegação e atracação • Arrecadação e operação do porto
Ministério dos Transportes Departamento Nacional de Infraestrutura de Transportes (DNIT) Agência Nacional de Transportes Terrestres (ANTT) Agência Nacional de Transportes Aquaviários (Antaq)	• Fiscalização e cadastro dos transportadores e agentes de carga • Fiscalização e normatização dos transportes rodoviários • Fiscalização e normatização dos transportes aquaviários
Ministério da Fazenda Secretaria da Receita Federal: autoridade aduaneira	• Fiscalização do comércio internacional • Arrecadação dos tributos sobre a importação e exportação • Arrecadação do AFRMM (adicional ao frete) • Normatização de procedimentos para o desembaraço de produtos de comércio internacional • Autorização e controle da movimentação de pessoas, veículos e cargas • Alfandegamento dos portos, aeroportos e pontos de fronteira brasileiros • Alfandegamento dos terminais e dos armazéns por onde se possam movimentar pessoas, veículos ou cargas com destino ao ou procedentes do exterior • Prevenção e repressão ao contrabando e descaminho
Ministério da Defesa Marinha do Brasil: autoridade marítima Exército brasileiro: autoridade militar	• Fiscalização das embarcações • Salvatagem • Aviso aos navegantes • Elaboração de cartas náuticas • Fiscalização de produtos explosivos e armas • Normatização de procedimentos para a comercialização desses produtos

▶

▶ Quadro 6 (cont.) | ÓRGÃOS DE GOVERNO E EMPRESAS PÚBLICAS INTERVENIENTES NOS PORTOS

AGENTES PÚBLICOS	FUNÇÕES
FEDERAIS	
Ministério de Minas e Energia Comissão Nacional de Energia Nuclear (CNEN)	• Fiscalização de produtos radioativos • Normatização de procedimentos para a comercialização e transporte desses produtos
Ministério da Saúde Agência Nacional de Vigilância Sanitária (Anvisa): autoridade de saúde pública	• Fiscalização de produtos de higiene e saúde (comestíveis e medicamentos) • Normatização de procedimentos para a comercialização desses produtos
Ministério da Agricultura, Pecuária e Abastecimento Sistema de Vigilância Agropecuária Internacional (Vigiagro): autoridade fitossanitária	• Fiscalização de produtos agropecuários • Normatização de procedimentos para a comercialização desses produtos
Ministério da Justiça Departamento de Polícia Federal/Polícia Marítima: autoridade policial	• Policiamento sobre tráfico de armas e drogas • Fiscalização da atividade migratória • Combate e prevenção aos crimes contra a União • Provimento da segurança das demais autoridades federais, quando solicitada • Prevenir e reprimir crimes que podem ser cometidos no litoral, em ilhas ou em embarcações
Comissão Nacional de Segurança Pública dos Portos e Vias Navegáveis (Conportos): formada por membros dos ministérios da Justiça, Marinha, Fazenda, Relações Exteriores e Transportes **Comissões Estaduais de Segurança Pública dos Portos e Vias Navegáveis (Cesportos):** projeções regionais da Conportos, compostas por representantes do Departamento de Polícia Federal; da Capitania dos Portos; da Secretaria da Receita Federal; da Antaq e das administrações portuárias	• Fiscalização e certificação das instalações portuárias e das embarcações, em conformidade com o acordo internacional conhecido como ISPS Code
Ministério do Meio Ambiente Instituto Brasileiro de Meio Ambiente (Ibama)	• Fiscalização e licenciamento da exploração da natureza e do comércio e transporte de produtos de influência ambiental

▶

COMÉRCIO EXTERIOR E SEUS INTERVENIENTES | 53

▶ Quadro 6 (cont.) | ÓRGÃOS DE GOVERNO E EMPRESAS PÚBLICAS INTERVENIENTES NOS PORTOS

AGENTES PÚBLICOS	FUNÇÕES
FEDERAIS	
Ministério do Trabalho e Emprego	• Fiscalização da atividade laboral
Ministério do Desenvolvimento, Indústria e Comércio Exterior Câmara de Comércio Exterior (Camex) Departamento de Comércio Exterior (Decex)	• Licenciamento e controle das importações e exportações brasileiras, para fins econômicos e estatísticos • Definição de alíquotas dos tributos e das cotas de importação e exportação de cada produto
Ministério da Ciência e Tecnologia	• Licenciamento de produtos e obras do conhecimento científico e tecnológico
Ministério do Planejamento, Orçamento e Gestão Secretaria do Patrimônio da União	• Administração do patrimônio imobiliário da União, na orla marítima, das instalações portuárias, conciliando suas funções arrecadadora e socioambiental
ESTADUAIS **Secretaria de Estado da Fazenda**	• Fiscalização e arrecadação de ICMS
Secretaria de Estado dos Transportes	• Fiscalização e gestão do trânsito em vias de jurisdição estadual
Secretaria de Estado do Meio Ambiente	• Fiscalização e licenciamento ambientais
Secretaria de Segurança Pública Polícia Militar/Corpo de Bombeiros	• Policiamento e repressão a ilícitos • Fiscalização das instalações portuárias na prevenção, combate ao fogo e acidentes
Secretaria de Governo/Defesa Civil	• Aprovação do plano de emergência individual • Coordenação das ações de combate a acidentes
MUNICIPAIS **Secretaria Municipal da Fazenda**	• Cobrança de IPTU e ISS
Secretaria dos Transportes: autoridade de trânsito	• Fiscalização e gestão do trânsito em vias de jurisdição municipal
MISTOS **Autoridades ambientais** Órgãos pertencentes ao Sistema Nacional do Meio Ambiente (Sisnama), nas esferas federal, estadual e municipal, além da autoridade marítima	• Licenciamento ambiental, de acordo com a Política Nacional do Meio Ambiente, definida na Lei nº 6.938/1981

Quadro 7 | AGENTES PRIVADOS INTERVENIENTES NOS PORTOS

AGENTES PRIVADOS	CARACTERÍSTICAS
Agentes de navegação marítima	Prepostos dos armadores, responsáveis pelas atividades comerciais, gerenciais e administrativas em terra
Recinto alfandegado	Local destinado à guarda de carga importada ou a exportar sob controle aduaneiro
Armadores	Proprietários de navios, transportadores marítimos de mercadorias e passageiros
Non vessel operator common carrier (NVOCC)	Agenciadores de espaços nos navios e consolidadores de cargas, assumindo o papel de "armadores sem navio"
Prestadores de serviços ao navio	Empresas diversas para serviços de conservação, manutenção, limpeza e outros
Terminais portuários	Instalações para a atracação e operação de navios, prestação de serviços de movimentação e armazenagem de carga, obrigatoriamente alfandegados no caso de navios de transporte internacional; podem ser públicos ou privados
Operadores portuários	Prestadores de serviço para a movimentação de cargas no navio (carregamento e descarregamento)
Órgão gestor de mão de obra (Ogmo)	Entidade representante dos operadores portuários, responsável pelo registro e cadastro dos trabalhadores portuários avulsos e sua escalação para trabalhos no porto público
Arrendatários	Empresas locatárias das instalações do porto público pertencentes à União, ou de equipamentos da administradora do porto
Rebocadores	Empresas que prestam serviços de manobra e de escolta aos navios
Praticagem	Serviços de pilotagem dos navios, licenciados pelo Ministério da Defesa (Marinha do Brasil), para a entrada no porto e saída dele
Transportadores internos	Prestadores de serviços de transporte de carga e de passageiros dentro dos limites do território brasileiro
Fornecedores de bordo	Empresas fornecedoras de materiais de consumo do navio, dos passageiros ou da tripulação

Fonte dos quadros 6 e 7: Fontana (2009:175). O conteúdo foi adaptado em alguns pontos devido a atualizações legislativas.

Em seguida, descreveremos as funções de alguns desses intervenientes.

Setor público

As funções dos agentes públicos citados no quadro 6 serão detalhadas adiante, no capítulo 3 ("Aspectos jurídicos da exploração dos portos: regulamentação"). Neste capítulo são abordados pontos relevantes das operações realizadas pelos referidos agentes.

Secretaria de Portos (SEP)

A Secretaria de Portos (SEP), criada em maio de 2007 através da Medida Provisória nº 369/2007, é responsável pela formulação de políticas e diretrizes de desenvolvimento e fomento do setor portuário, bem como pela promoção de medidas, programas e projetos de desenvolvimento da infraestrutura portuária marítima, fluvial e lacustre dos portos outorgados ou autorizados pela União, sempre visando à segurança e à eficiência do transporte aquaviário de cargas e de passageiros.

De acordo com informação contida no portal do órgão, o Brasil possui 37 portos públicos, sendo 19 administrados diretamente pelas Companhias Docas, sociedade de economia mista que tem como acionista majoritário o governo federal, diretamente vinculadas à Secretaria dos Portos, e 18 portos organizados delegados à iniciativa privada. Além disso, fazem parte da competência da SEP 39 portos fluviais.[5]

A SEP atua em conjunto com a autoridade portuária, que, em última análise, é seu braço operacional. A nova Lei dos Portos, em seu art. 20, redefiniu a composição do Conselho de Autoridade Portuária (CAP), criado pela Lei nº 8.630/1993, que deve estar presente em cada porto organizado, auxiliando a administração geral do porto:

---

[5] Disponível em: <www.portosdobrasil.gov.br/assuntos-1/sistema-portuario-nacional>. Acesso em: 11 maio 2015.

50% de representantes do poder público, 25% de representantes da classe empresarial e 25% de representantes dos trabalhadores portuários.

Em suma, competirá à autoridade portuária, auxiliada pelo CAP, a administração geral do porto, cujos processos operacionais são: elaboração e fiscalização, juntamente com a Antaq, dos contratos de arrendamento dos bens da União nos portos organizados, nomeação de operador portuário, programação de navios (atracação e desatracação), supervisão de cargas perigosas, acompanhamento das operações e fiscalização das operações e processos administrativos internos, tais como faturamento e outros.

Ministério dos Transportes (MT)
— Agência Nacional de Transportes Aquaviários (Antaq)

O Ministério dos Transportes (MT) é o órgão de governo responsável pela formulação, coordenação e supervisão da política de transporte do país. Sua competência inclui, entre outros assuntos, a aprovação dos planos de outorgas, a formulação e a supervisão de execução da política referente ao Fundo de Marinha Mercante (em articulação com outros ministérios) e o estabelecimento de diretrizes para afretamentos de embarcações estrangeiras e para liberação de cargas perigosas. A ele estão vinculadas autarquias (Departamento Nacional de Infraestrutura de Transportes (DNIT), Agência Nacional de Transportes Terrestres (ANTT), Agência Nacional de Transportes Aquaviários (Antaq), empresas públicas, como a Empresa de Planejamento e Logística (EPL) e a Valec Engenharia, Construções e Ferrovias S.A., além de sociedades de economia mista, como a Companhia Docas do Maranhão (Codomar).

A Antaq, criada pela Lei nº 10.233, de 5 de junho de 2001, é, portanto, entidade integrante da administração federal indireta, vinculada ao MT, com sede e foro no Distrito Federal, podendo instalar unidades administrativas regionais. O detalhamento do conceito, funções e finalidades da Antaq encontra-se no capítulo 3 ("Aspectos jurídicos da exploração dos portos: regulamentação").

Ministério da Fazenda (MF)

O Ministério da Fazenda (MF) se faz presente nas atividades portuárias através da autoridade aduaneira, que é exercida pelas alfândegas da Receita Federal do Brasil (RFB), em todos os portos, públicos ou privados, autorizados a receber embarcações em trânsito internacional. A RFB é o órgão responsável pelo controle do comércio exterior e pela fiscalização tributária da União.

A área de competência da autoridade aduaneira abrange a regulamentação e a fiscalização do cumprimento da legislação relativa às operações de comércio exterior. Isso se concretiza através do controle do fluxo de pessoas, veículos, valores monetários e cargas em trânsito internacional pelos pontos, locais e recintos previamente autorizados pelo órgão, ao qual compete, também, a cobrança dos tributos federais incidentes nas transações de comércio, isto é, nas importações e exportações brasileiras.

Com base na legislação vigente, as principais atribuições da aduana brasileira são:

- dirigir, supervisionar, orientar, coordenar e executar os serviços de administração, fiscalização e controle aduaneiros, inclusive no que diz respeito ao alfandegamento de áreas e recintos [Decreto nº 7.482/2011, art. 15, XVII, c/c Portaria MF nº 275/2005, art. 2º, XVI];
- planejar, coordenar e realizar as atividades de repressão ao contrabando, ao descaminho, à contrafação e pirataria e ao tráfico ilícito de entorpecentes e de drogas afins, e à lavagem e ocultação de bens, direitos e valores, observada a competência específica de outros órgãos [Decreto nº 7.482/2011, art. 15, XX, c/c Portaria MF nº 275/2005, art. 2º, XIX];

- cumprir e fazer cumprir a legislação que regula a entrada, a permanência e a saída de quaisquer bens ou mercadorias no país [Lei nº 12.815/2013, art. 24, I];
- fiscalizar a entrada, a permanência, a movimentação e a saída de pessoas, veículos, unidades de carga e mercadorias, sem prejuízo das atribuições das outras autoridades no porto [Lei nº 12.815/2013, art. 24, II];
- exercer a vigilância aduaneira e promover a repressão ao contrabando, ao descaminho e ao tráfico ilícito de drogas, sem prejuízo das atribuições de outros órgãos [Lei nº 12.815/2013, art. 24, III];
- proceder ao despacho aduaneiro na importação e na exportação [Lei nº 12.815/2013, art. 24, V];
- proceder à apreensão de mercadorias em situação irregular, nos termos da legislação fiscal aplicável [Lei nº 12.815/2013, art. 24, VI];
- autorizar a remoção de mercadorias da área do porto para outros locais, alfandegados ou não, nos casos e na forma previstos na legislação aduaneira [Lei nº 12.815/2013, art. 24, VII];
- zelar pela observância da legislação aduaneira e pela defesa dos interesses fazendários nacionais [Lei nº 12.815/2013, art. 24, X].

Para o desempenho das suas atribuições legais, a aduana brasileira atua através das suas unidades descentralizadas (normalmente instaladas junto aos portos, aeroportos e pontos de fronteira) denominadas alfândegas ou inspetorias da Secretaria da RFB. Exerce as atividades relacionadas ao regramento, à fiscalização e à liberação dos processos operacionais relativos às declarações de importação, exportação e trânsito aduaneiro de mercadorias de comércio internacional, dos quais trataremos a seguir, inclusive aquelas de passagem pelo território, mas negociadas por terceiros países limítrofes.

DECLARAÇÃO DE IMPORTAÇÃO (DI)

O procedimento de legalização das importações efetuadas pelas pessoas físicas ou jurídicas no Brasil é controlado pelo sistema informatizado da RFB, conhecido como "Siscomex Importação", implantado em 1997 e atualizado em 2013/2014 para plataforma web. Envolve diversos órgãos públicos, que intervêm no processo interagindo diretamente no sistema, cada um dentro de seu perfil específico e a partir das informações prestadas pelo importador ou por seu representante (despachante aduaneiro).

Com a declaração de importação (DI eletrônica) registrada no Siscomex, o sistema seleciona o processo, também denominado "despacho", para um dos canais de fiscalização aduaneira. São eles:

- *verde*: liberação automática por parte da RFB, sem nenhuma conferência dos dados da declaração. É dispensada, inclusive, a apresentação de documentos na alfândega;
- *amarelo*: depende de uma análise dos documentos a serem apresentados, dentro de envelope apropriado, na alfândega, para constituírem o despacho daquela carga em processo de importação, sendo que, a partir de 2015, tais documentos deverão ser digitalizados e apresentados por meio eletrônico;
- *vermelho*: além da análise documental, a importação será alvo de uma conferência física da mercadoria pelos fiscais da RFB, para a confirmação dos dados da carga e da negociação declarados;
- *cinza*: todas as etapas anteriores serão efetuadas e complementadas com uma análise dos valores negociados, mesmo que posteriormente à liberação da carga, para a confirmação da inexistência de declaração de preço irreal das mercadorias, impedindo, dessa forma, fraudes fiscais ou cambiais decorrentes do sub ou superfaturamento.

DECLARAÇÃO DE DESPACHO DE EXPORTAÇÃO (DDE)

Para a regularização de uma exportação brasileira, é necessário registrar os dados da carga e da fatura de venda no sistema informatizado, compartilhado entre os órgãos intervenientes no comércio exterior, denominado "Siscomex[6] Exportação", implantado em 1993 como primeiro módulo desse grande sistema idealizado pela RFB. Esse módulo vem sendo substituído gradativamente, com previsão de conclusão para 2015, pelo novo Siscomex Exportação web (Novoex), juntamente com o sistema Portal Único de Comércio Exterior, que, segundo os órgãos patrocinadores, deverá estar totalmente operacional até 2017.

Em uma primeira fase da operação de exportação, antes da preparação do embarque, o exportador deve informar, no Siscomex, os dados gerais da transação comercial já negociada com o destinatário da mercadoria no exterior. Esses dados constituem o registro de exportação (RE) para análise prévia por parte da Secretaria de Comércio Exterior (Secex), órgão singular vinculado ao Ministério do Desenvolvimento, Indústria e Comércio Exterior (MDIC), que é o regulador do comércio internacional brasileiro.

Após a preparação do embarque e emissão da nota fiscal de exportação, é necessário incluir os dados da carga e da mercadoria no sistema Siscomex, o que constitui a declaração de despacho de exportação (DDE), vinculando o despacho à respectiva RE, para o início do procedimento de liberação da exportação.

Feito isso, a empresa ou seu representante legal (despachante aduaneiro) receberá a informação do sistema indicando o canal de seleção do despacho para a fiscalização aduaneira, que poderá ser um dos canais a seguir:

---

[6] "A importante iniciativa de criação do Siscomex fez com que o Brasil, na década de 1990, estivesse na vanguarda mundial em desenvolvimento de sistemas de comércio exterior." Disponível em: <http://portal.siscomex.gov.br/conheca-o-portal/O_Portal_Siscomex>. Acesso em: 11 maio 2014.

- *verde*: que significa a liberação automática por parte da RFB, sem nenhuma conferência dos dados da declaração e da mercadoria exportada;
- *amarelo*: que precisa da entrega do extrato do despacho, acompanhado da nota fiscal de exportação, na unidade da RFB próxima de seu domicílio ou na que jurisdiciona o local onde será embarcada sua carga, e a liberação para o embarque dependerá de uma análise dos documentos apresentados;
- *vermelho*: nesse caso, além dos procedimentos descritos no canal amarelo, a liberação da carga de exportação dependerá de uma conferência física da mercadoria pelos fiscais da RFB, para a confirmação das características físicas e dos dados da carga e da negociação declarados.

DECLARAÇÃO DE TRÂNSITO ADUANEIRO (DTA)

O processo operacional para autorizar o deslocamento de uma carga importada, sem o pagamento imediato dos impostos, desde o local de chegada ao Brasil (porto, aeroporto ou ponto de fronteira) até um depósito sob controle da RFB deve ser efetuado através de uma declaração de trânsito aduaneiro, documento controlado pelo sistema informatizado da RFB, conhecido como "Siscomex Trânsito", disponível via internet desde 2002.

Esse depósito sob controle aduaneiro é denominado "recinto alfandegado" e pode estar situado em qualquer região do Brasil, normalmente próxima ao domicílio do importador.

No caso de exportação, o exportador também pode usufruir de benefício similar mediante a formalização do despacho com o registro e desembaraço da carga em recinto alfandegado na sua região e pedido de trânsito aduaneiro entre esse depósito e o porto, aeroporto ou ponto de fronteira de saída do território brasileiro, utilizando-se do próprio sistema Siscomex Exportação de maneira bastante simplificada.

Além da importação e da exportação, há uma terceira possibilidade de trânsito aduaneiro: é o caso de carga cuja origem e destino não são o Brasil, isto em função de acordos internacionais entre os países limítrofes. Nessa hipótese, ocorre o chamado "trânsito aduaneiro de passagem" em que não incidem os impostos sobre o comércio exterior, mas é necessário um controle para a garantia de inexistência de desvio dessa carga.

Assim, a declaração de trânsito aduaneiro (DTA) no Siscomex Trânsito pode ser formalizada em cinco diferentes modalidades ou espécies de declarações. A primeira é a declaração de trânsito aduaneiro de entrada comum ou especial, para as importações brasileiras. A segunda é o manifesto internacional de carga — declaração de trânsito aduaneiro (MIC-DTA), para trânsito aduaneiro de entrada (caso de importação brasileira) ou de passagem (quando carga destinada ao exterior), pelo modal rodoviário, estabelecido em acordo internacional e na legislação específica. A terceira modalidade é o conhecimento de carta de porte internacional — declaração de trânsito aduaneiro (TIF-DTA), para cargas em trânsito aduaneiro de entrada ou de passagem, mediante o transporte no modal ferroviário, estabelecido em acordo internacional e na legislação específica. A quarta é a declaração de trânsito de transferência (DTT) para as transferências de mercadorias, entre dois recintos alfandegados, não cobertas por conhecimento de transporte internacional. Por fim, a última espécie é a declaração de trânsito de contêiner (DTC), utilizada apenas para o trânsito de um contêiner entre o cais do porto de descarga do navio até um recinto alfandegado jurisdicionado ao mesmo órgão local da RFB. No caso da DTC, existem hipóteses de dispensa por decisão da autoridade aduaneira em razão de utilização de outras formas de controle em determinadas alfândegas portuárias.

Realizada a solicitação de trânsito aduaneiro, a autoridade aduaneira, na figura de seus agentes fiscais, verifica as características das cargas e dos veículos envolvidos no seu transporte, principalmente em relação à inviolabilidade dos volumes e existência de elementos de segurança (lacre). Dependendo do caso, confirma a existência de liberações prévias necessárias emanadas de outros órgãos intervenientes, como ministérios da Agricultura, Pecuária e Abastecimento, Saúde, Exército etc. Estando tudo regular, determina a rota e o prazo de chegada ao local de destino do trânsito aduaneiro, onde deverá ser concluído o despacho (DTA) pela interveniência dos fiscais da RFB na chegada da carga intacta ao recinto alfandegado.

Ministério da Defesa (MD)

O MD, criado pela Lei Complementar nº 97/1999, é o órgão do governo federal que centraliza a administração dos comandos das Forças Armadas: Marinha, Exército e Aeronáutica. Dentro de sua esfera de competência, cabe à Marinha do Brasil defender o país e os interesses nacionais através do poder naval.

A Capitania dos Portos é a repartição da Marinha do Brasil responsável pelos assuntos relacionados à segurança da navegação e ao tráfego marítimo, ou seja, ela deve

> contribuir para a orientação, coordenação e controle das atividades relativas à Marinha Mercante e organizações correlatas, no que se refere à segurança da navegação, defesa nacional, salvaguarda da vida humana e prevenção da poluição hídrica.[7]

Entre os processos por ela realizados, destacamos a fiscalização dos serviços de praticagem, a realização de fiscalizações navais, vistorias e a instauração e condução de inquéritos relativos a fatos e a acidentes ligados à navegação.

---

[7] Disponível em: <www.mar.mil.br/cpsp/index.html>. Acesso em: 11 maio 2015.

Ministério da Saúde (MS)
— Agência Nacional de Vigilância Sanitária (Anvisa)

O MS é o órgão do poder público federal que tem como missão "promover a saúde da população mediante a integração e a construção de parcerias com os órgãos federais, as unidades da Federação, os municípios, a iniciativa privada e a sociedade".[8] Para tanto, possui uma série de unidades vinculadas, entre elas autarquias — Agência Nacional de Vigilância Sanitária (Anvisa), Agência Nacional de Saúde (ANS) —, empresas e fundações públicas — Empresa Brasileira de Hemoderivados e Biotecnologia (Hemobras), Fundação Nacional de Saúde (Funasa), Fundação Oswaldo Cruz (Fiocruz) — e institutos — Instituto Nacional de Traumatologia e Ortopedia (Into), Instituto Nacional de Câncer (Inca) — voltados para segmentos específicos na área da saúde.

A Anvisa foi criada pela Lei nº 9.782, de 26 de janeiro de 1999, que, no art. 60, define sua finalidade institucional:

> promover a proteção da saúde da população por intermédio do controle sanitário da produção e da comercialização de produtos e serviços submetidos à vigilância sanitária, inclusive dos ambientes, dos processos, dos insumos e das tecnologias a eles relacionados, bem como o controle de portos, aeroportos e de fronteiras.

Além disso, a agência exerce a mediação junto ao Ministério das Relações Exteriores (MRE) e instituições estrangeiras, para tratar de assuntos internacionais na área de vigilância sanitária.

Entre os processos realizados pela Anvisa, destacamos:

- livre prática, ou seja, permissão para uma embarcação operar embarque e desembarque de viajantes, cargas ou suprimentos a partir de inspeção a bordo e/ou análise documental;

---

[8] Disponível em: <http://portalsaude.saude.gov.br>. Acesso em: 6 jan. 2016.

- aprovação de importação e exportação de produtos que envolvam riscos à saúde pública;
- vigilância epidemiológica e de controle de vetores relacionada a portos, aeroportos e fronteiras.

Ministério da Agricultura, Pecuária e Abastecimento (Mapa)

O Mapa tem como objetivo formular e implementar as políticas para o desenvolvimento do agronegócio, integrando os aspectos de mercado, tecnológicos, organizacionais e ambientais, para o atendimento dos consumidores do país e do exterior, e promoção da segurança alimentar. Desse modo, busca atender às exigências mercadológicas e aos acordos internacionais nas áreas fito e zoossanitária.

Na estrutura do Mapa e ligado à Secretaria de Defesa Agropecuária (SDA) existe o Vigiagro, que é o sistema de Vigilância Agropecuária Internacional. Sua função é a fiscalização do trânsito internacional de animais, vegetais, seus produtos e subprodutos, derivados e partes, resíduos de valor econômico e insumos agropecuários, impedindo a entrada e disseminação de doenças e pragas que representem ameaça à agropecuária nacional, garantindo a sanidade e a qualidade dos produtos agropecuários, assegurando um perfeito sistema de controle no trânsito internacional desses produtos e, com isso, salvaguardando os interesses da saúde pública. Esse sistema opera nos portos, aeroportos e em todos os postos de fronteira.

O Mapa concede a liberação de carga importada e efetua a inspeção de carga a exportar, através do termo de fiscalização para produtos importados e produtos a serem exportados.

Entre os processos realizados pelo Mapa, podemos destacar:
- liberação da carga;
- inspeção de carga e navio;
- autorização para trânsito aduaneiro.

Ministério da Justiça (MJ)
— Departamento de Polícia Federal (DPF)

O MJ tem por missão "promover e construir direitos e políticas de justiça voltadas à garantia e ao desenvolvimento do Estado de Direito, da Democracia, dos Direitos Humanos, da Cidadania e da Segurança Pública, por meio de ações conjuntas do poder público e da sociedade".[9] Sua complexa estrutura, como definida no Decreto nº 6.061, de 15 de março de 2007, compreende órgãos de assistência direta e imediata ao ministro, órgãos específicos singulares, órgãos colegiados e entidades vinculadas.

O Departamento de Polícia Federal (DPF) é um órgão singular do MJ, ao qual cabe exercer as competências estabelecidas no § 1º do art. 144 da Constituição e no § 7º do art. 27 da Lei nº 10.683/2003. Para tanto, possui diversas unidades, centralizadas e descentralizadas. Entre elas, as que podem ser destacadas em função da atuação nos processos portuários são:

- Núcleo de Polícia de Imigração (Numig) — responsável pela fiscalização de estrangeiros;
- Núcleo Especial de Polícia Marítima (Nepom) — responsável pelo combate à pirataria, ao contrabando, ao tráfico de armas e drogas.

Comissão Nacional de Segurança Pública nos Portos, Terminais e Vias Navegáveis (Conportos) e suas representantes em nível estadual (Comissão Estadual de Segurança Pública nos Portos, Terminais e Vias Navegáveis — Cesportos)

A Comissão Nacional de Segurança Pública nos Portos, Terminais e Vias Navegáveis (Conportos) foi criada pelo Decreto nº 1.507/1995. Ela tem

---

[9] Disponível em: <www.justica.gov.br/Acesso/institucional/sumario/missao>. Acesso em: 6 jan. 2016.

por objetivo elaborar e implementar o sistema de prevenção e repressão a atos ilícitos nos portos, terminais e vias navegáveis. É composta por um representante e respectivo suplente dos seguintes ministérios: MJ, MM, MF, MRE e MT. Quem preside a Conportos é o representante do MJ. Nos termos do art. 3º, I-IX, do Decreto nº 1.507/1995, compete à Conportos:

I - baixar normas, em nível nacional, sobre segurança pública nos portos, terminais e vias navegáveis;

II - elaborar projetos específicos de segurança pública nos portos, terminais e vias navegáveis e, por via diplomática, buscar junto à Organização Marítima Internacional (IMO) assistência técnica e financeira de países doadores e instituições financeira internacionais;

III - apresentar sugestões às autoridades competentes para o aperfeiçoamento da legislação pertinente, inclusive consolidação de leis e regulamentos;

IV - avaliar programas de aperfeiçoamento das atividades de segurança pública nos portos, terminais e vias navegáveis;

V - manter acompanhamento estatístico dos ilícitos penais ocorridos nos portos, terminais e vias navegáveis e dos resultados das investigações e das punições aplicadas;

VI - encaminhar aos órgãos competentes avaliações periódicas sobre as necessidades relativas à segurança pública nos portos, terminais e vias navegáveis;

VII - elaborar seu regimento interno e submetê-lo à aprovação do Ministro de Estado da Justiça;

VIII - criar e instalar Comissões Estaduais de Segurança Pública nos Portos, Terminais e Vias Navegáveis (Cesportos), fixando-lhes as atribuições;

IX - orientar as Comissões Estaduais, no que for cabível.

Atualmente, no Brasil, existem Cesportos em 21 estados e cada uma é composta por, no mínimo, representantes do DPF, da Capitania dos Portos, da Secretaria da Receita Federal, das administrações portuárias e do governo do estado. A coordenação é realizada pelo representante do DPF. A ela compete elaborar o plano de segurança a ser submetido às Cesportos.

Corpo de Bombeiros

O Corpo de Bombeiros é responsável pelo combate a incêndios em embarcações e áreas portuárias. Além disso, executa a supervisão da movimentação de cargas perigosas, tendo então, como processo operacional, de acompanhá-las.

Setor privado

Agente de navegação marítima

O agente marítimo atua como representante do proprietário, armador, afretador ou gestor, ou alguns destes simultaneamente. Ele se encarrega de despachar o navio em porto, das operações comerciais a que o mesmo se destina e de assistir o capitão na prática dos atos jurídicos e materiais necessários à conservação do navio e à continuação da viagem. Ele é também o elo entre o armador e os diversos atores que interagem com o navio. Entre os processos realizados pela agência marítima, podemos destacar:

- requisição de atracação;
- contratações;
- obrigações tarifárias;
- documentação de carga;
- requisição de visitas;
- acompanhamento das operações.

Recinto alfandegado

O recinto alfandegado é um local destinado a guardar a carga importada ou a exportar, mediante autorização da autoridade aduaneira. Nesses locais existem fiscais alfandegários que realizam a liberação, também chamada de desembaraço, dos despachos de importação, exportação ou trânsito de mercadorias de comércio internacional. Sua constituição é feita por ato declaratório de alfandegamento do recinto, ato em que a RFB define as operações e os processos aduaneiros que poderão ser realizados. Algumas dessas atividades são:

- armazenagem de carga para exportação;
- armazenagem da carga importada;
- unitização e desunitização de carga de comércio exterior;
- início e conclusão de operações de trânsito aduaneiro;
- armazenamento, industrialização e beneficiamento de produtos com suspensão de tributos;
- informação da presença de carga de importação ou a exportar, que consiste na confirmação do armazenamento e na indicação da localização da carga no recinto;
- emissão de manifesto de carga para exportação e conferência final do manifesto da carga importada (somente em recinto de zona primária[10] que faça a operação portuária).

Armador

O armador é o dono do navio, que é assessorado por um corretor de navio nas questões específicas da embarcação e da tripulação dedica-

---

[10] "Para fins de controle aduaneiro, o território nacional é dividido em zona primária e zona secundária. A zona primária é constituída pelos portos, aeroportos e pontos de fronteira alfandegados. A zona secundária é o restante do território nacional." Disponível em: <www.receita.fazenda.gov.br/manuaisweb/importacao/topicos/conceitos_e_definicoes/local_de_realizacao_do_despacho.htm>. Acesso em: 11 maio 2015.

da, ou por uma agência marítima nas questões legais e documentais das operações e da carga.

Operador portuário

Conforme a Lei nº 12.815/2013, art. 2º, XIII, o operador portuário é "a pessoa jurídica pré-qualificada para exercer as atividades de movimentação de passageiros ou movimentação e armazenagem de mercadorias, destinadas ou provenientes de transporte aquaviário, dentro da área do porto organizado". Entre os processos realizados pelo operador portuário, destacamos:

- requisição de atracação;
- requisição de mão de obra (trabalhador portuário avulso);
- movimentação de carga.

Praticagem

A praticagem tem como objetivo orientar a tripulação do navio nas operações de manobra para a navegação nas águas do porto, pelo conhecimento das características do leito, tais como bancos de areia, correntes, níveis de profundidade e existência de obstáculos, contribuindo para a segurança do tráfego aquaviário, para a salvaguarda da vida humana e proteção do meio ambiente e da propriedade. Entre os processos realizados pela praticagem, podemos citar:

- monitoração do fundeio;
- monitoração das operações;
- atracação;
- reatracação;
- desatracação.

Transportador interno

O transportador interno, em sua maioria no modal rodoviário ou ferroviário, é a empresa, previamente cadastrada na RFB, responsável pelo transporte da carga importada ou a exportar, dentro dos limites territoriais nacionais. Existem empresas transportadoras nacionais que também fazem trajetos cruzando fronteiras com nossos países limítrofes, mas, para tanto, precisam de autorização especial do MT. Entre as operações e processos aduaneiros realizados por esses transportadores, citamos:

- transporte desde a fábrica até o recinto alfandegado, para exportação;
- transporte desde o recinto alfandegado até o domicílio do importador;
- transporte entre o terminal portuário e os recintos alfandegados sob a mesma jurisdição aduaneira;
- transporte entre dois recintos alfandegados de diferentes regiões, o que caracteriza o "trânsito aduaneiro".

Non vessel operator common carrier (NVOCC)

São empresas consolidadoras de carga que foram criadas, nos anos 1980, pelos próprios armadores, que preferiam não se dedicar a consolidar pequenas cargas. Compram espaço nos navios para embarcar seus contêineres com cargas consolidadas de diversos clientes.

Cabe ao agente NVOCC unitizar e desunitizar ("desova das cargas") as mercadorias no contêiner, além de realizar todo o processo de desconsolidação marítima perante os órgãos da RFB e Departamento de Marinha Mercante.

Para operação desse tipo de empresa é necessário ter um correspondente no porto de destino, efetuando o desmembramento do embarque, a descarga do contêiner e sua devolução ao armador, além de cuidar de serviços relativos aos controles aduaneiros e das autoridades marítimas dos países envolvidos.

Prestadores de serviços

Além das entidades privadas que atuam diretamente nos processos portuários voltados ao comércio exterior, encontramos também prestadores de serviços importantes no porto, mas que não estão envolvidos diretamente no comércio em si. Os serviços envolvem:

- consertos de navio;
- manutenção de equipamento de cais;
- abastecimento;
- rebocamento;
- fornecimento de bordo.

Fluxo dos processos portuários de exportação e importação

A seguir, apenas a título ilustrativo, serão apresentados os fluxos dos processos portuários referentes à exportação (figura 2), e importação (figura 3), nos quais são mostrados os intervenientes públicos e privados, juntamente com seus respectivos processos. Cabe ressaltar que estes fluxos podem conter modificações e variações em função da dinâmica do setor e estão sendo apresentados com o objetivo específico de mostrar a complexidade do setor portuário.

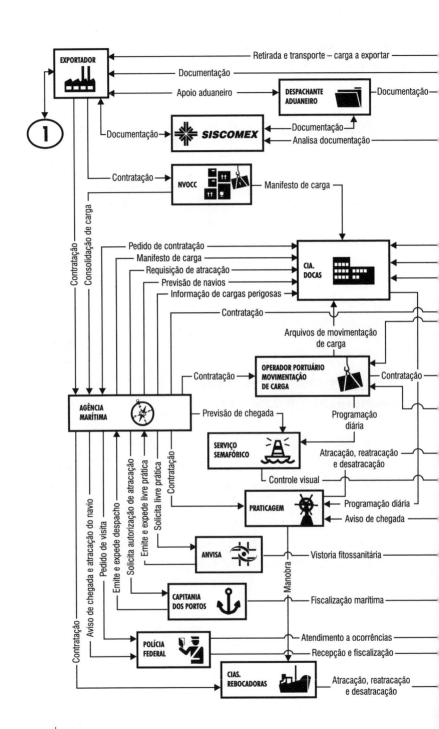

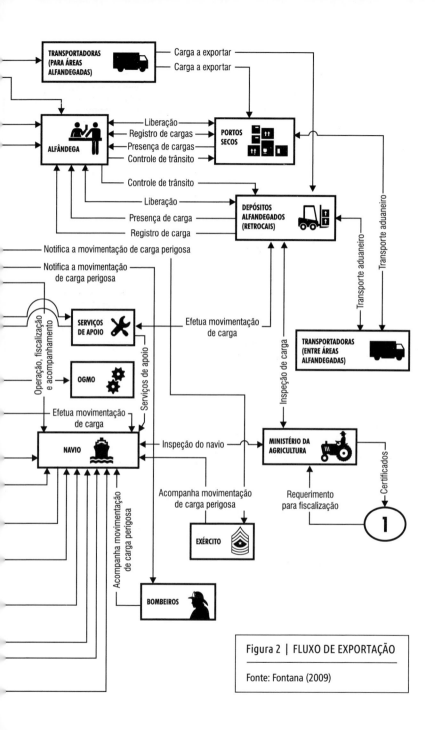

Figura 2 | FLUXO DE EXPORTAÇÃO

Fonte: Fontana (2009)

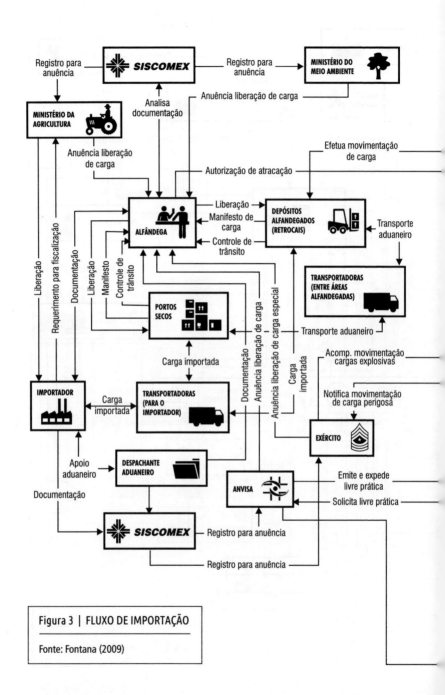

Figura 3 | FLUXO DE IMPORTAÇÃO

Fonte: Fontana (2009)

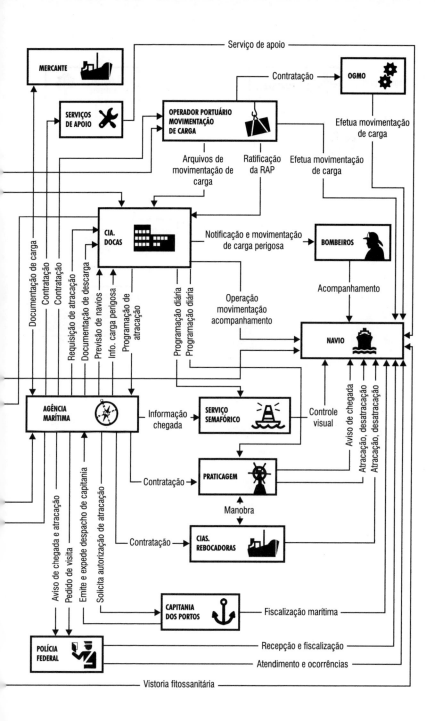

Capítulo 3

Aspectos jurídicos da exploração dos portos: regulamentação

EDUARDO MARIO DIAS

GUSTAVO GASIOLA

LEONARDO TOLEDO DA SILVA

MARIA LÍDIA REBELLO PINHO DIAS SCOTON

MARIA RITA REBELLO PINHO DIAS

RODRIGO PORTO LAUAND

Neste capítulo serão abordadas as principais questões jurídicas relacionadas à exploração dos portos no Brasil. Começa-se por um panorama geral das normas que regulam a atividade portuária, entre as quais se destacam aquelas contidas na Constituição Federal, na nova Lei dos Portos (Lei nº 12.815/2013) e na Lei nº 10.233/2001, que criou a Agência Nacional de Transportes Aquaviários (Antaq). Analisam-se também as mudanças decorrentes da criação da Secretaria de Portos da Presidência da República (SEP) pela Lei nº 11.518/2007 e aspectos relevantes da administração do porto organizado.

Estruturação jurídica do exercício da atividade portuária no Brasil: aspectos legais e regulamentares da exploração de portos

A atividade portuária foi atribuída à competência da União por expressa determinação da Constituição Federal de 1988. Além disso, a exemplo do que se vem observando com relação a outras atividades exercidas pelo poder público, foi criada, em 2001, uma agência reguladora (a Antaq), com o objetivo de regular o setor portuário. Em 2007, a Lei nº 11.518/2007 criou, no âmbito do Poder Executivo, uma estrutura especialmente voltada para essa atividade, a Secretaria de Portos da Presidência da República (SEP/PR), para a qual foram transferidas muitas das competências antes detidas pelo Ministério dos Transportes (MT).

A principal consequência das condições indicadas no parágrafo anterior foi que a atividade portuária passou a ser disciplinada por um novo conjunto de atores, leis e regulamentos que conferiram a esse setor feições próprias e específicas.

O objetivo do próximo tópico é apresentar as normas de maior relevância que incidem sobre o setor, indicando suas principais peculiaridades, seja com relação às demais atividades públicas, seja com relação às atividades privadas. Destaque-se que, pela existência de diversas normas regulando os mais pontuais aspectos da atividade portuária, não se efetuará análise detida e aprofundada de todos esses aspectos.

Competência constitucional material e legislativa dos portos marítimos

A CF/1988 estabeleceu, em seu art. 21, XII, "f", ser competência da União a exploração de portos marítimos, fluviais e lacustres.[11] Também determinou competência privativa da União para legislar so-

---

[11] Não havia, nas constituições que a precedem, essa atribuição de competência. Previa-se apenas a competência da União em "explorar, diretamente ou mediante autorização ou concessão [...] as vias de transporte entre portos marítimos e fronteiras nacionais ou que transponham os limites de um Estado, ou Território" (art. 8º, XV, "d", da Constituição de 1967). Essa disposição é observada também, com algumas modificações, na Constituição de 1946 (art. 5º, XII) e na de 1934 (art. 5º, VIII).

80 | PORTOS E COMÉRCIO EXTERIOR

bre regime dos portos, navegação lacustre, fluvial, marítima, aérea e aeroespacial (art. 22, X).[12] De acordo com Bercovici (2013:422), essa atribuição de competência é justificada pela necessidade de se tutelar um setor cujos interesses "extrapolariam aqueles que seriam pertinentes aos demais entes federativos, principalmente por conta da abrangência territorial envolvida na atividade". Ainda na Constituição, temos o art. 178,[13] que ressalta a competência da União.

No período que antecedeu a Lei de Modernização dos Portos de 1993, a atividade portuária era regulada por leis esparsas. Sobre as concessões portuárias, por exemplo, Tácito (1968:406) apresenta o Decreto nº 1.746/1869 como o primeiro a regular a matéria, seguido pelo Decreto nº 24.599/1934 e pela Lei nº 3.421/1958. Além da concessão, outros aspectos da atividade portuária eram abordados por diversos diplomas, como a concepção de porto organizado ou a de serviços portuários.

Em 25 de fevereiro de 1993 foi publicada a Lei nº 8.630, que objetivou regulamentar de forma sistematizada a competência constitucional da União quanto à atividade portuária. Essa lei, em consonância com o disposto na CF/1988, estabeleceu que a União é responsável pela exploração do porto organizado (direta ou indiretamente, por concessão), tendo disciplinado

> a prestação de serviços por operadores portuários e a construção, total ou parcial, conservação, reforma, ampliação, melhoramento e exploração de instalações portuárias, dentro dos limites da área do porto organizado [art. 2º].

---

[12] A competência legislativa privativa da União sobre o regime dos portos foi prevista, pela primeira vez, na Constituição de 1934 (art. 5º, IX, "e"). Também houve previsão na Constituição de 1946 (art. 5º, XV, "i") e na Constituição de 1967 (art. 8º, XVII, "m").

[13] "Art. 178. A lei disporá sobre a ordenação dos transportes aéreo, aquático e terrestre [...]".

É importante observar que a Lei nº 8.630/1993 buscou a participação dos particulares na exploração de portos marítimos, podendo-se afirmar que a referida lei consistia em um programa de desestatização do setor portuário,[14] prevendo dois instrumentos de outorga aos particulares: o arrendamento e a autorização. Apesar de incentivar a participação da iniciativa privada, a antiga Lei dos Portos intentou preservar a titularidade pública dos portos organizados (a partir, principalmente, da Companhia Docas), embora a influência do setor privado na gestão e administração do porto fosse forte (Bercovici, 2013).

Com a publicação da Lei nº 10.233/2001, apesar de esta não revogar expressamente nenhum dispositivo da Lei nº 8.630/1993, o regime jurídico da exploração dos portos marítimos sofreu alterações.[15] Além da criação da Antaq, a agência reguladora responsável pelo setor, Di Pietro (2014:146-147) ressalta mudanças no regime dos contratos de outorga.[16] Em 2013, o marco legal dos portos foi alterado com a Lei nº 12.815 e a revogação da Lei nº 8.630/1993. A nova Lei dos Portos, entre outros aspectos (1) alterou conceitos legais, como o de porto organizado ou de instalações portuárias; (2) trouxe novos conceitos legais (como o de concessão e arrendamento);

---

[14] Complementa Bercovici (2013:427): "Pretendeu-se, com esta lei, liberalizar mercados, oferecendo mais oportunidades de acesso da iniciativa privada à exploração da infraestrutura". Contudo, conclui afirmando que "isso ocorreu sem que se tivesse uma política pública bem definida para o setor".

[15] Modificou-se até, segundo a crítica de Bercovici (2013:431), o modelo de atuação do Estado, já que este, no atual modelo, "busca garantir, especialmente por mecanismos financeiros ou fiscais, [...] a remuneração e a lucratividade do investimento privado, mesmo que em detrimento da adequada prestação do serviço público ou da realização da obra pública".

[16] Entre as mudanças, destacamos a diferenciação trazida na lei entre concessão (para a exploração da infraestrutura de transporte público) e arrendamento (para a transferência de uso e gozo de área pública dentro do porto organizado).

(3) alterou regras para a outorga da atividade a particulares e as modalidades de instalações portuárias; (4) criou o Programa Nacional de Dragagem Portuária e Hidroviária II.[17]

Destaque-se, ainda, que a Lei nº 9.277/1996 autorizou a delegação, a estados, municípios, ao Distrito Federal ou a consórcio[18] firmado entre eles, da exploração de portos sob sua responsabilidade ou sob responsabilidade de empresas por eles controladas, direta ou indiretamente.[19] A delegação deve ser formalizada por convênio (art. 3º), no qual será prevista a possibilidade de aplicação da legislação do município, estado ou Distrito Federal na cobrança da tarifa portuária ou de outra forma de cobrança cabível, desde que não contrarie a legislação federal (art. 3º, § 1º).

---

[17] Para Gilberto e Bayeux (2013:439), as finalidades da nova Lei dos Portos, de acordo com a Exposição de Motivos nº 12-a SEP-PR/MF/MT/AGU, foram: "(i) o aprimoramento do marco regulatório, com regras mais claras que trouxessem maior segurança jurídica ao setor; (ii) a recuperação da capacidade do Estado de planejar o setor portuário a partir da redefinição das competências institucionais da SEP/PR e da Antaq; e (iii) o incremento de maior competição no setor portuário, promovendo ainda mais a participação da iniciativa privada".

[18] Os consórcios públicos são regulados pela Lei nº 11.107/2005 e são "associações formadas por pessoas jurídicas políticas (União, estados, Distrito Federal ou municípios), com personalidade de direito público ou de direito privado, criadas mediante autorização legislativa para a gestão associada de serviços públicos" (Di Pietro, 2011:490). Interessante destacar que o consórcio poderá conceder o serviço a ele designado em seu contrato de criação para particulares, de acordo com o § 3º do art. 2º da Lei nº 11.107/2005.

[19] São exemplos de portos operados por estados em razão de convênio firmado com fundamento na Lei nº 9.277/1996, entre outros: porto de Rio Grande, operado pela Superintendência do Porto de Rio Grande (SUPRG), órgão vinculado ao governo do estado do Rio Grande do Sul; porto de Recife, operado pela empresa Porto do Recife S/A, ligada ao governo do estado de Pernambuco; porto de Manaus, em que figura como autoridade portuária a Superintendência Estadual de Navegação, Portos e Hidrovias (SNPH), autarquia vinculada ao governo do estado do Amazonas.

Conceitos legais

Para análise da legislação incidente sobre portos marítimos é imprescindível o conhecimento de alguns conceitos por ela utilizados.

Porto organizado

Conforme disposto no art. 2º, I, da Lei nº 12.815/2013, é

> bem público construído e aparelhado para atender a necessidades de navegação, de movimentação de passageiros ou de movimentação e armazenagem de mercadorias, e cujo tráfego e operações portuárias estejam sob jurisdição de autoridade portuária.

Por ser destinado a serviço (afetado à atividade portuária), corresponde a um bem público de uso especial (nos termos do art. 99, II, do Código Civil de 2002). Sua exploração será realizada diretamente — pela União ou seus delegatários (estados, municípios, Distrito Federal ou um consórcio público) — ou indiretamente — por meio de um contrato de concessão ou de arrendamento, que deverá ser precedido de licitação (art. 4º). O conceito de porto organizado é central para a interpretação da nova Lei dos Portos, de modo que Ramunno (2013:464) propõe classificar os terminais segundo o critério especial: se dentro ou fora da área do porto organizado.

Infraestrutura portuária

É definida pela Companhia Docas do Estado de São Paulo (Codesp) como

> o conjunto de instalações portuárias, de uso comum, colocadas à disposição dos usuários, operadores portuários e arrendatárias de um porto organizado, compreendendo: a estrutura de proteção e acesso

aquaviário, as vias de circulação interna, rodoviária e ferroviária, bem como dutos e instalações de suprimento do porto organizado.[20]

Operação portuária

A Lei nº 8.630/1993, em seu art. 1º, § 1º, II, a definia como a operação "de movimentação de passageiros ou a de movimentação ou armazenagem de mercadorias, destinados ou provenientes de transporte aquaviário, realizada no porto organizado por operadores portuários". Apesar de não apresentar nenhum conceito, a Lei nº 12.815/2013 alterou o que se entendia por operação portuária. O art. 30 da nova Lei dos Portos trata das operações portuárias realizadas fora da área do porto organizado, indicando uma clara ampliação do conceito. O serviço de movimentação de carga a bordo da embarcação deve ser executado de acordo com a instrução de seu comandante ou de seus prepostos, que serão responsáveis pela arrumação ou retirada da carga no que se refere à segurança da embarcação (art. 27, § 2º).

Operador

É a "pessoa jurídica pré-qualificada para exercer as atividades de movimentação de passageiros ou movimentação e armazenagem de mercadorias, destinadas ou provenientes de transporte aquaviário, dentro da área do porto organizado" (Lei nº 12.815/2013, art. 2º, XIII). É titular e responsável pela direção e coordenação das operações que efetuar (art. 27, § 1º). Quando a operação portuária for realizada fora da área do porto organizado, será disciplinada pelo titular da autorização, "observadas as normas estabelecidas pelas autoridades marítima, aduaneira, sanitária, de saúde e de polícia marítima" (art. 31).

---

[20] Disponível em: <www.portodesantos.com.br/pdf/Programa%20de%20Arrendamentos. pdf>. Acesso em: jan. 2015.

De acordo com o art. 28 da Lei nº 12.815/2013, a intervenção do operador portuário é prescindível:

- nas operações portuárias que, por qualquer motivo, não necessitem de utilização de mão de obra ou, necessitando, possam ser executadas exclusivamente pela tripulação;
- nas obras de serviços públicos nas vias aquáticas do país, executadas direta ou indiretamente pelo poder público, no serviço de transporte de gêneros de pequena lavoura e da pesca destinados ao abastecimento municipal e no transporte de mercadorias a granel, líquidas ou sólidas, estas últimas quando a carga ou descarga for automatizada, com exceção para os serviços de rechego;
- nas operações relativas à movimentação de carga em área sob controle militar realizadas por militares, de materiais por estaleiros e de peças e materiais para embarcações, entre eles combustíveis, lubrificantes e mantimentos.

Área do porto organizado

Entende-se como a "área delimitada por ato do Poder Executivo que compreende as instalações portuárias e a infraestrutura de proteção e de acesso ao porto organizado" (art. 2º, II, da Lei nº 12.815/2013). Esse conceito legal impõe uma "determinação aberta" (Ramunno, 2013:465), permitindo ao poder executivo manipular o regime jurídico incidente.

Terminal de uso privativo

De acordo com o disposto no inciso IV do art. 2º da Lei nº 12.815/2013, é aquela "instalação portuária explorada mediante autorização e localizada fora da área do porto organizado".

Serviços de uso comum

São os serviços disponíveis aos usuários, arrendatários e operadores de um porto organizado, em bases isonômicas, providos pela autoridade portuária.

Tarifas portuárias

São tributos cobrados pela autoridade portuária, como contrapartida pelo uso da infraestrutura portuária e pela prestação de serviços de uso comum.

Regulação do setor

As atividades desenvolvidas nos portos são extensamente reguladas[21] pelo poder público. A principal razão para isso é o fato de a União ser a titular da exploração dos serviços de transporte aquaviário e dos portos marítimos, fluviais e lacustres (CF/1988, art. 21, XII, "d" e "f"), podendo delegar a terceiros essa exploração mediante concessão, permissão ou autorização. Além disso, são bens da União as praias marítimas, os terrenos de marinha e o mar territorial (CF/1988, art. 20, IV, VI e VII).

O movimento de "agencificação", iniciado no Brasil no final da década de 1990, é uma das tendências atuais da regulação das ativida-

---

[21] É importante fazer aqui a distinção entre regulamentação e regulação. De acordo com Aragão (2014:229, 235), regulamentação seria o "controle vertical e coercitivo sobre as empresas", ou seja, a normatização da atividade, por meio de leis, regulamentos, resoluções etc. Do outro lado, regulação é um conceito mais amplo, pois abrange todas as medidas tomadas pelo Estado para determinar, controlar ou influenciar "o comportamento dos agentes econômicos, evitando que lesem os interesses sociais definidos no marco da Constituição e os orientando em direções socialmente desejáveis".

des econômicas, inclusive as portuárias. Trata-se da criação de novas entidades da administração pública indireta, sob o nome de agência, e consequente delegação de algumas funções estatais, como a de regulamentação, fiscalização, incentivo e planejamento.[22] O fenômeno atingiu diversos setores, como as atividades econômicas em sentido estrito, serviços de relevância pública e serviços públicos.

Comenta Bandeira de Mello (2004:157-158, grifos no original):

> Como dantes se disse, as agências reguladoras são *autarquias sob regime especial*, ultimamente criadas com a finalidade de *disciplinar* e controlar *certas atividades*. Algumas das atividades afetas à disciplina e controle de tais entidades são: *a) serviços públicos propriamente ditos*. É o caso da Agência Nacional de Energia Elétrica — ANEEL [...] e da Agência Nacional de Telecomunicações — ANATEL [...], da Agência Nacional de Transportes Terrestres — ANTT e da Agência Nacional de Transportes Aquaviários — ANTAQ [...]; *b) atividades de fomento e fiscalização da atividade privada*, caso da Agência Nacional do Cinema — ANCINE [...]; *c) atividades exercitáveis para promover a regulação, a contratação e a fiscalização das atividades econômicas integrantes da indústria do petróleo* cuja disciplina e controle competem à Agência Nacional do Petróleo — ANP [...]; *d) atividades que o Estado também protagoniza* (e quando o fizer serão serviços públicos), *mas que, paralelamente, são facultadas aos particulares*, sendo o que ocorre com os serviços de saúde, que os particulares desempenham no exercício da livre iniciativa, sob disciplina de controle da Agência Nacional de Vigilância Sanitária — ANVS [...] (hoje denominada ANVISA [...]) e da Agência Nacional de Saúde Suplementar — ANS [...]; *e)* finalmente, há, ainda, *agência reguladora do uso de bem público*, que é o que sucede com a Agência Nacional de Águas — ANA [...].

---

[22] Essas funções estão expressas no art. 174 da CF/1988, no qual se lê: "como agente normativo e regulador da atividade econômica, o Estado exercerá, na forma da lei, as funções de fiscalização, incentivo e planejamento, sendo este determinante para o setor público e indicativo para o setor privado".

Nota-se que as diversas agências reguladoras criadas no Brasil não possuem um modelo único, nem, tampouco, competências comparáveis (Sundfeld, 2000:19). No entanto, possuem, em regra, algumas características que, independentemente das críticas existentes, efetivamente as distinguem das demais autarquias estatais. Como expõe Guerra (2014:265-266), a estrutura das agências sofreu forte influência dos Estados Unidos da América, por exemplo, na forma colegiada das decisões definitivas, na nomeação dos dirigentes pelo presidente da República e na sua necessária aprovação pelo Senado Federal. Também é de destaque a atribuição de *poder normativo*, por meio do qual conseguem realizar sua tarefa de regulamentar o setor de sua competência, criando normas — atos de efeito geral (não direcionados a um agente econômico específico) e abstrato (que se dirigem a todas as situações previstas) —, bem como o *dever de fiscalizar* os agentes do setor.

O poder normativo das agências reguladoras não afasta nem exclui o poder de legislar do Estado. Exerce, contudo, um importante papel quanto à disciplina jurídica das atividades econômicas, sejam elas de titularidade do Estado ou não.

A produção legislativa do Estado não se mostrou muito efetiva para tutelar os problemas surgidos nos diversos setores da economia, incluindo aqueles em que há prestação de serviços públicos ou de interesse público. Isso se deve, entre outros fatores, não só à demora natural do processo legislativo — incompatível com a exigência de soluções imediatas, flexíveis e dinâmicas para os mais diversos problemas surgidos nos variados setores econômicos —, como também à própria especificidade que tais setores foram adquirindo ao longo dos anos, demandando diversos conhecimentos técnicos que muitos congressistas não possuem.

Não seria exagerado, portanto, entender cada setor econômico como um microssistema jurídico, sobretudo se considerarmos a profusão de normas próprias que existem para viabilizar seu funcionamento mínimo.

Assim, em vista de tais exigências, o legislador optou por editar leis em que se estabelecem *standards*, ou seja, princípios, objetivos e diretrizes para um setor específico, deixando a cargo da agência reguladora concretizar essas regras gerais por meio da tutela de situações de fato, editando normas por meio do poder normativo. Tais *standards* possuem duas importantes funções: (1) direcionar e conduzir a atuação das agências reguladoras para um fim previamente estipulado pelo legislador e (2) indicar os limites de tal atuação. Em consequência disso, a produção normativa das agências reguladoras deve limitar-se a trazer concretude e coerência aos *standards* legais.[23] Ademais, ao deixar claro o que pretende fazer, indiretamente o legislador determina o que não será possível fazer (quando não o estipula expressamente). Em outras palavras, a lei é sempre pressuposto e fundamento da atuação regulatória das agências.

Outro fundamento que limita o poder normativo das agências está no princípio da legalidade. O art. 5º, II, da CF/1988 estabelece que "ninguém será obrigado a fazer ou deixar de fazer alguma coisa senão em virtude de lei" (previsão constitucional expressa do princípio da legalidade). A atuação administrativa, portanto, jamais poderia importar em violação a este preceito, ou seja, jamais poderia obrigar alguém a fazer ou deixar de fazer alguma coisa que não tenha sido prevista em lei.

Assim, a agência reguladora, por não possuir competência legislativa originária, mas apenas delegada, não pode inovar na ordem jurídica. Isso quer dizer, em uma forma bastante simplista, que a agência reguladora não pode criar direitos e obrigações não previstos em lei.

O exercício do poder normativo pelas agências reguladoras é uma tentativa de resposta à necessidade dos setores econômicos de solu-

---

[23] Em razão disso, as agências não podem produzir os chamados regulamentos autônomos, aqueles que inovam a ordem jurídica. Os regulamentos das agências devem servir apenas para o fiel cumprimento da lei, os chamados regulamentos executivos.

ções imediatas, pontuais, específicas do poder público para seus problemas. Pretende conferir à regulamentação de tais setores as características de dinamicidade e especialidade — indispensáveis para seu desenvolvimento — através de uma entidade técnica e independente. Desse modo, seguindo tendência acima comentada, foi publicada, em 5 de junho de 2001, a Lei nº 10.233, que dispôs sobre a reestruturação e ordenação dos transportes aquaviário e terrestre, nos termos do art. 178[24] da Constituição Federal, tendo reorganizado o gerenciamento do Sistema Federal de Viação (SFV).

Ainda, a suprarreferida lei criou o Conselho Nacional de Integração de Políticas de Transporte (Conit), a Agência Nacional de Transportes Terrestres (ANTT), a Agência Nacional de Transportes Aquaviários (Antaq) e o Departamento Nacional de Infraestrutura de Transportes (DNIT). Ambas as agências são entidades integrantes da administração federal indireta, submetidas ao regime autárquico especial (caracterizado pela independência administrativa, autonomia financeira e funcional e mandato fixo de seus dirigentes) e vinculadas ao Ministério dos Transportes (MT) e à Secretaria de Portos da Presidência da República (SEP) (art. 21).

A Lei nº 10.233/2001, em seu art. 20 e com as alterações introduzidas pela Lei nº 12.815/2013, instituiu, também, os objetivos que deveriam ser perseguidos para reestruturação do setor de transportes, os quais pautam a atividade fiscalizatória e regulamentar da Antaq. São eles:

> I - *implementar* [...] as políticas formuladas pelo Conit, pelo MT e pela SEP, segundo os princípios e diretrizes estabelecidos nesta Lei;

---

[24] CF/1988: "Art. 178. A lei disporá sobre a ordenação dos transportes aéreo, aquático e terrestre, devendo, quanto à ordenação do transporte internacional, observar os acordos firmados pela União, atendido o princípio da reciprocidade. Parágrafo único. Na ordenação do transporte aquático, a lei estabelecerá as condições em que o transporte de mercadorias na cabotagem e na navegação de interior poderão ser feitos por embarcações estrangeiras".

II - *regular ou supervisionar[...] as atividades de prestação de serviços e de exploração da infraestrutura de transportes*, exercidas por terceiros, com vistas a:

a) garantir a movimentação de pessoas e bens, em cumprimento a padrões de eficiência, segurança, conforto, regularidade, pontualidade e modicidade nos fretes e tarifas;

b) harmonizar, preservado o interesse público, os objetivos dos usuários, das empresas concessionárias, permissionárias, autorizadas e arrendatárias, e de entidades delegadas, arbitrando conflitos de interesses e impedindo situações que configurem competição imperfeita ou infração da ordem econômica [grifos nossos].

O Sistema Nacional de Viação (SNV), reestruturado pela Lei nº 10.233/2001, é formado pela infraestrutura viária e pela estrutura operacional dos diferentes meios de transporte de pessoas e bens, sob jurisdição da União, dos estados, do Distrito Federal e dos municípios (art. 2º). A CF/1988 estabelece a competência da União com relação a essas matérias nos incisos XII, XX e XXI de seu art. 21. São seus objetivos essenciais, previstos no art. 4º dessa lei:

- "dotar o País de infraestrutura viária adequada" (art. 4º, I, da Lei nº 10.233/2001), ou seja, em consonância com o disposto no art. 6º, § 1º, da Lei Geral de Concessões (Lei nº 8.987/1995), a utilidade da infraestrutura viária deverá cumprir "as condições de regularidade, continuidade, eficiência, segurança, atualidade, generalidade, cortesia na sua prestação e modicidade das tarifas" (art. 6º, § 1º, da Lei nº 8.987/1995);[25]

---

[25] Não é fácil caracterizar um serviço como adequado. Para Justen Filho (2003:305), trata-se de "conceito indeterminado, a ser especificado por ocasião da sua aplicação, o que se fará em face das circunstâncias". Explica ainda que a indeterminação resulta "não apenas da amplitude do conceito em si mesmo, mas da variação das circunstâncias do mundo social, que deverão ser tomadas em vista".

- "garantir a operação racional e segura dos transportes de pessoas e bens" (art. 4º, II, da Lei nº 10.233/2001), ou seja, aquela que se caracteriza pela gerência eficiente das vias, dos terminais, dos equipamentos e dos veículos, objetivando tornar mínimos os custos operacionais, os fretes e as tarifas, e garantir a segurança e a confiabilidade do transporte (na verdade, esse objetivo apenas ressalta alguns aspectos do serviço adequado);
- "promover o desenvolvimento social e econômico e a integração nacional", um dos objetivos fundamentais da República Federativa do Brasil (art. 3º, II, da CF/1988).

O SFV está sob jurisdição da União. Abrange a malha arterial básica do SNV, formada por eixos e terminais relevantes do ponto de vista da demanda de transporte, da integração nacional e das conexões internacionais (compreende os elementos físicos da infraestrutura viária existente e planejada) (art. 3º, *caput*, e § 1º da Lei nº 10.233/2001).

O Conit tem sua estrutura e funcionamento definidos pelo Decreto nº 6.550, de 27 de agosto de 2008:

> Art. 1º. O Conselho Nacional de Integração de Políticas de Transporte — CONIT é órgão de assessoramento vinculado à Presidência da República, com atribuição de propor políticas nacionais de integração dos diferentes modos de transporte de pessoas e bens, em conformidade com:
>
> I - as políticas de desenvolvimento nacional, regional e urbano, de meio ambiente e de segurança das populações, formuladas pelas diversas esferas de governo;
>
> II - as diretrizes para a integração física e de objetivos dos sistemas viários e das operações de transporte sob jurisdição da União, dos Estados, do Distrito Federal e dos Municípios;
>
> III - a promoção da competitividade, para redução de custos, tarifas e fretes, e da descentralização, para melhoria da qualidade dos serviços prestados;

IV - as políticas de apoio à expansão e ao desenvolvimento tecnológico da indústria de equipamentos e veículos de transporte; e

V - a necessidade da coordenação de atividades pertinentes ao Sistema Federal de Viação e atribuídas pela legislação vigente à Casa Civil da Presidência da República, aos Ministérios dos Transportes, da Fazenda, do Planejamento, Orçamento e Gestão, do Desenvolvimento, Indústria e Comércio Exterior, da Agricultura, Pecuária e Abastecimento e às Secretarias de Portos e de Aviação Civil da Presidência da República.[26]

Já o DNIT é uma autarquia (pessoa jurídica de direito público) vinculada ao MT, com sede e foro no Distrito Federal (art. 79, *caput*, e § 1º da Lei nº 10.233/2001). Tem como objetivo

> implementar, em sua área de atuação, a política formulada para a administração da infraestrutura do SFV, compreendendo sua operação, manutenção, restauração ou reposição, adequação de capacidade e ampliação mediante construção de novas vias e terminais, segundo os princípios e diretrizes estabelecidos nesta Lei [art. 80 da Lei nº 10.233/2001].

---

[26] Ainda de acordo com o Decreto nº 6.550/2008, em seu art. 2º, cabe ao Conit: "I - propor medidas que propiciem a integração dos transportes aéreo, aquaviário e terrestre e a harmonização das respectivas políticas setoriais; II - definir os elementos de logística do transporte multimodal a serem implementados pelos órgãos reguladores dos transportes aéreo, terrestre e aquaviário, vinculados aos Ministérios da Defesa e dos Transportes, e pela Secretaria de Portos da Presidência da República; III - harmonizar as políticas nacionais de transporte com as políticas de transporte dos Estados, do Distrito Federal e dos Municípios, visando à articulação dos órgãos encarregados do gerenciamento dos sistemas viários e da regulação dos transportes interestaduais, intermunicipais e urbanos; [...]". O Conit é presidido pelo ministro de Estado dos Transportes e terá como membros os ministros de Estado da Defesa, da Justiça, da Fazenda, do Planejamento, Orçamento e Gestão, do Desenvolvimento, Indústria e Comércio Exterior e das Cidades. O Poder Executivo disporá sobre seu funcionamento (art. 3º do Decreto nº 6.550/2008).

A legislação atribui diversas competências para o DNIT;[27] no entanto, estas não se aplicam aos elementos da infraestrutura concedidos ou arrendados pela Antaq e pela ANTT (§ 1º do art. 82 da Lei nº 10.233/2001).

A infraestrutura do SFV, que determina o âmbito de atuação do DNIT, é constituída por (art. 81 da Lei nº 10.233/2001):

I - vias navegáveis, inclusive eclusas ou outros dispositivos de transposição hidroviária de níveis;

II - ferrovias e rodovias federais;

III - instalações e vias de transbordo e de interface intermodal, exceto as portuárias.

---

[27] Lei nº 10.233/2001: "Art. 82. São atribuições do DNIT, em sua esfera de atuação: I - estabelecer padrões, normas e especificações técnicas para os programas de segurança operacional, sinalização, manutenção ou conservação, restauração ou reposição de vias, terminais e instalações; II - estabelecer padrões, normas e especificações técnicas para a elaboração de projetos e execução de obras viárias; III - fornecer ao Ministério dos Transportes informações e dados para subsidiar a formulação dos planos gerais de outorga e de delegação dos segmentos da infraestrutura viária; IV - administrar, diretamente ou por meio de convênios de delegação ou cooperação, os programas de operação, manutenção, conservação, restauração e reposição de rodovias, ferrovias, vias navegáveis, eclusas ou outros dispositivos de transposição hidroviária de níveis, em hidrovias situadas em corpos de água de domínio da União, e instalações portuárias públicas de pequeno porte; V - gerenciar, diretamente ou por meio de convênios de delegação ou cooperação, projetos e obras de construção e ampliação de rodovias, ferrovias, vias navegáveis, eclusas ou outros dispositivos de transposição hidroviária de níveis, em hidrovias situadas em corpos de água da União, e instalações portuárias públicas de pequeno porte, decorrentes de investimentos programados pelo Ministério dos Transportes e autorizados pelo orçamento geral da União; [...] XIII - desenvolver estudos sobre transporte ferroviário ou multimodal envolvendo estradas de ferro; XIV - projetar, acompanhar e executar, direta ou indiretamente, obras relativas a transporte ferroviário ou multimodal, envolvendo estradas de ferro do Sistema Federal de Viação, excetuadas aquelas relacionadas com os arrendamentos já existentes; [...] XVI - aprovar projetos de engenharia cuja execução modifique a estrutura do Sistema Federal de Viação, observado o disposto no inciso IX do caput deste artigo; [...] XVIII - implementar medidas necessárias à destinação dos ativos operacionais devolvidos pelas concessionárias, na forma prevista nos contratos de arrendamento; e XIX - propor ao Ministério dos Transportes, em conjunto com a ANTT, a destinação dos ativos operacionais ao término dos contratos de arrendamento".

O âmbito de atuação do DNIT foi alterado pela nova Lei dos Portos, pois as competências sobre portos fluviais e lacustres do MT e do DNIT foram expressamente transferidas à SEP, excepcionando-se somente as relativas às instalações portuárias públicas de pequeno porte (art. 60 da Lei nº 12.815/2013).

A lei em tela, a exemplo das demais que também instituíram agências reguladoras, estabeleceu *standards* — princípios e diretrizes gerais que deverão ser observados no âmbito dos transportes terrestres e aquaviários —, que pautarão o desenvolvimento de atividades fiscalizatória e regulamentar pela Antaq. Conforme visto anteriormente e considerando a importância dos *standards* nos setores regulados, faz-se necessária a indicação de tais princípios e diretrizes, sem o que será impossível compreender a lógica de funcionamento do setor dos portos.

A Lei nº 10.233/2001 dispõe:

> Art. 11. O gerenciamento da infraestrutura e a operação dos transportes aquaviários e terrestres serão regidos pelos seguintes princípios gerais:
>
> I - preservar o interesse nacional e promover o desenvolvimento econômico e social;
>
> II - assegurar a unidade nacional e a integração regional;
>
> III - proteger os interesses dos usuários quanto à qualidade e oferta de serviços de transporte e dos consumidores finais quanto à incidência dos fretes nos preços dos produtos transportados;
>
> IV - assegurar, sempre que possível, que os usuários paguem pelos custos dos serviços prestados em regime de eficiência;
>
> V - compatibilizar os transportes com a preservação do meio ambiente, reduzindo os níveis de poluição sonora e de contaminação atmosférica, do solo e dos recursos hídricos; [...]
>
> X - promover a integração física e operacional do Sistema Nacional de Viação com os sistemas viários dos países limítrofes;

XI - ampliar a competitividade do País no mercado internacional;

XII - estimular a pesquisa e o desenvolvimento de tecnologias aplicáveis ao setor de transportes.

A mesma lei, em seu art. 12, define como diretrizes gerais do gerenciamento da infraestrutura e da operação dos referidos transportes:

I - descentralizar as ações, sempre que possível, promovendo sua transferência a outras entidades públicas, mediante convênios de delegação, ou a empresas públicas ou privadas, mediante outorgas de autorização, concessão ou permissão, conforme dispõe o inciso XII do art. 21 da Constituição Federal;

II - aproveitar as vantagens comparativas dos diferentes meios de transporte, promovendo sua integração física e a conjugação de suas operações, para a movimentação intermodal mais econômica e segura de pessoas e bens;

III - dar prioridade aos programas de ação e de investimentos relacionados com os eixos estratégicos de integração nacional, de abastecimento do mercado interno e de exportação;

IV - promover a pesquisa e a adoção das melhores tecnologias aplicáveis aos meios de transporte e à integração destes;

V - promover a adoção de práticas adequadas de conservação e uso racional dos combustíveis e de preservação do meio ambiente;

VI - estabelecer que os subsídios incidentes sobre fretes e tarifas constituam ônus ao nível de governo que os imponha ou conceda;

VII - reprimir fatos e ações que configurem ou possam configurar competição imperfeita ou infrações da ordem econômica.

Entre tanta classificação e enumeração, a interpretação depende de que se diferenciem os princípios gerais, as diretrizes gerais e os objetivos. De acordo com Marrara (2015:127), ao discorrer sobre a Lei de Mobilidade Urbana (Lei nº 12.587/2012) que apresenta estrutura semelhante, os princípios são os valores centrais; eles "seriam as características que marcam essa política e sua execução". Já as diretrizes gerais seriam as micropolíticas (detalhamento de políticas) "que deveriam ser desenvolvidas por todos os entes". Por fim, os objetivos (presentes no art. 20 da Lei nº 10.233/2001) "seriam os alvos ou os resultados que a execução da política deveria ocasionar", limitando a discricionariedade da administração pública.

Agência Nacional de Transportes Aquaviários — Antaq (Lei nº 10.233/2001)

A nova Lei dos Portos retirou atribuições da Antaq. A agência perdeu o poder de celebrar contratos de concessão e arrendamento e outorgar autorizações de terminais (embora tenha mantido o poder de conduzir as licitações). Como disposto no art. 23 da Lei nº 10.233/2001, com as alterações da Lei nº 12.815/2013, a esfera de atuação da Antaq[28] envolve:

---

[28] A competência da Antaq está definida no art. 27 da Lei nº 10.233/2001, com as alterações da Lei nº 12.815/2013: "I - promover estudos específicos de demanda de transporte aquaviário e de atividades portuárias; II - promover estudos aplicados às definições de tarifas, preços e fretes, em confronto com os custos e os benefícios econômicos transferidos aos usuários pelos investimentos realizados; III - propor ao Ministério dos Transportes o plano geral de outorgas de exploração da infraestrutura aquaviária e de prestação de serviços de transporte aquaviário; IV - elaborar e editar normas e regulamentos relativos à prestação de serviços de transporte e à exploração da infraestrutura aquaviária e portuária, garantindo isonomia no seu acesso e uso, assegurando os direitos dos usuários e fomentando a competição entre os operadores; V- celebrar atos de outorga de permissão ou autorização de prestação de serviços de transporte pelas empresas de navegação fluvial, lacustre, de travessia, de apoio marítimo, de apoio portuário, de cabotagem e de longo curso, observado o disposto nos arts. 13 e 14, gerindo os respectivos contratos e demais instrumentos administrativos; VI - reunir, sob sua administração, os instrumentos de outorga para exploração de infraestrutura e de prestação de serviços de transporte aquaviário celebrados antes da vigência desta Lei, resguardando os direitos das partes; VII - promover as revisões e os reajustes das tarifas portuárias, assegurada a comunicação prévia, com antecedência mínima de 15 (quinze) dias úteis, ao poder con-

I - a navegação fluvial, lacustre, de travessia, de apoio marítimo, de apoio portuário, de cabotagem e de longo curso;

II - os portos organizados e as instalações portuárias neles localizadas;

III - as instalações portuárias de que trata o art. 8º da Lei nº 12.815/2013;

IV - o transporte aquaviário de cargas especiais e perigosas;

V - a exploração da infraestrutura aquaviária federal.

---

cedente e ao Ministério da Fazenda; VIII - promover estudos referentes à composição da frota mercante brasileira e à prática de afretamentos de embarcações, para subsidiar as decisões governamentais quanto à política de apoio à indústria de construção naval e de afretamento de embarcações estrangeiras; [...]; X - representar o Brasil junto aos organismos internacionais de navegação e em convenções, acordos e tratados sobre transporte aquaviário, observadas as diretrizes do Ministro de Estado dos Transportes e as atribuições específicas dos demais órgãos federais; [...]; XII - supervisionar a participação de empresas brasileiras e estrangeiras na navegação de longo curso, em cumprimento aos tratados, convenções, acordos e outros instrumentos internacionais dos quais o Brasil seja signatário; [...]; XIV - estabelecer normas e padrões a serem observados pelas administrações portuárias, concessionários, arrendatários, autorizatários e operadores portuários, nos termos da Lei [nº 12.815/2013]; XV - elaborar editais e instrumentos de convocação e promover os procedimentos de licitação e seleção para concessão, arrendamento ou autorização da exploração de portos organizados ou instalações portuárias, de acordo com as diretrizes do poder concedente, em obediência ao disposto na Lei [nº 12.815/2013]; XVI - cumprir e fazer cumprir as cláusulas e condições dos contratos de concessão de porto organizado ou dos contratos de arrendamento de instalações portuárias quanto à manutenção e reposição dos bens e equipamentos reversíveis à União de que trata o inciso VIII do art. 5º da Lei [nº 12.815/2013]; XVII - autorizar projetos e investimentos no âmbito das outorgas estabelecidas, encaminhando ao Ministro de Estado dos Transportes ou ao Secretário Especial de Portos, conforme o caso, propostas de declaração de utilidade pública; [...]; XIX - estabelecer padrões e normas técnicas relativos às operações de transporte aquaviário de cargas especiais e perigosas; XX - elaborar o seu orçamento e proceder à respectiva execução financeira; [...] XXII - fiscalizar a execução dos contratos de adesão das autorizações de instalação portuária de que trata o art. 8º da Lei [nº 12.815/2013]; [...] XXV - celebrar atos de outorga de concessão para a exploração da infraestrutura aquaviária, gerindo e fiscalizando os respectivos contratos e demais instrumentos administrativos; XXVI - fiscalizar a execução dos contratos de concessão de porto organizado e de arrendamento de instalação portuária, em conformidade com o disposto na Lei [nº 12.815/2013]; [...] XXVIII - publicar os editais, julgar as licitações e celebrar os contratos de concessão, precedida ou não de execução de obra pública, para a exploração de serviços de operação de eclusas ou de outros dispositivos de transposição hidroviária de níveis situados em corpos de água de domínio da União (Incluído pela Lei nº 13.081, de 2015)".

Entre as competências da Antaq (veja a íntegra na nota 29), destacam-se a de "celebrar atos de outorga de permissão ou autorização de prestação de serviços de transporte pelas empresas de navegação fluvial, lacustre, de travessia, de apoio marítimo, de apoio portuário, de cabotagem e de longo curso" (art. 27, V, da Lei nº 10.233/2001) bem como a de

> elaborar editais e instrumentos de convocação e promover os procedimentos de licitação e seleção para concessão, arrendamento ou autorização da exploração de portos organizados ou instalações portuárias, de acordo com as diretrizes do poder concedente, em obediência ao disposto na Lei nº 12.815/2013 [art. 27, XV, da Lei nº 10.233/2001].

Quando a questão envolver assuntos de Marinha Mercante que interessarem à defesa nacional, à segurança da navegação aquaviária e à salvaguarda da vida humana no mar, a Antaq observará as prerrogativas específicas do Comando da Marinha e atuará sob sua orientação (art. 27, § 2º, da Lei nº 10.233/2001).

A Antaq possui quatro órgãos especiais: (1) A Diretoria, o órgão máximo da agência e que atua de modo colegiado (art. 52 da Lei nº 10.233/2001);[29] (2) a Procuradoria-Geral, que exerce a representação judicial da agência (art. 62); (3) a Corregedoria, que fiscaliza as atividades funcionais da agência e instaura processos administrativos e disciplinares (art. 64); e, por fim, (4) a Ouvidoria, que recebe e responde pedidos de informação, esclarecimento ou reclamação (parágrafo único do art. 63).

---

[29] Ela é composta por um diretor-geral e dois diretores (art. 53) nomeados pelo presidente da República, após aprovação do Senado Federal (art. 53, § 1º) para um mandato fixo de quatro anos, admitida uma recondução (art. 54) e só perderão o mandato por renúncia, condenação judicial transitada em julgado, processo administrativo disciplinar ou descumprimento manifesto de suas atribuições (art. 56), garantindo sua independência funcional.

Secretaria de Portos da Presidência da República (SEP/PR)

A Secretaria de Portos da Presidência da República (SEP/PR) foi criada pela Medida Provisória nº 369, de 7 de maio de 2007, posteriormente convertida na Lei nº 11.518/2007. Sua criação importou a instituição de novo modelo de gestão do setor portuário, que antes competia ao MT.

A Lei nº 11.518/2007 alterou dispositivos das leis nº 10.683/2003 (organização da Presidência da República), nº 10.233/2001 (reestruturação dos transportes aquaviários e terrestres), nº 10.893/2004 (lei que cria adicional ao frete para a renovação da Marinha Mercante e o Fundo da Marinha Mercante), nº 5.917/1973 (Plano Nacional de Viação), nº 11.457/2007 (dispõe sobre a administração tributária federal) e nº 8.630/1993 (dispunha sobre o regime jurídico da exploração dos portos organizados e das instalações portuárias antes da Lei nº 12.815/2013).

Segundo a suprarreferida lei (nº 11.518/2007), são assuntos que constituem área de competência do MT, agora concentrados na SEP: (1) política nacional de transportes ferroviário, rodoviário e aquaviário; (2) Marinha Mercante, vias navegáveis e portos fluviais e lacustres, excetuados os outorgados às Companhias Docas; (3) participação na coordenação dos transportes aeroviários e serviços portuários.

Dispõe o art. 24-A da Lei nº 10.683/2003, que trata da organização da Presidência da República, com as modificações trazidas pela Lei nº 12.815/2013, que a SEP/PR é responsável por

> assessorar direta e imediatamente o Presidente da República na formulação de políticas e diretrizes para o desenvolvimento e o fomento do setor de portos e instalações portuárias marítimos, fluviais e lacustres e, especialmente, promover a execução e a avaliação de medidas, programas e projetos de apoio ao desenvolvimento da in-

fraestrutura e da superestrutura dos portos e instalações portuárias marítimos, fluviais e lacustres.

Já no § 1º do art. 24-A da Lei nº 10.683/2003 o legislador definiu que a SEP compõe-se basicamente de um gabinete, uma secretaria-executiva e até duas secretarias, além do Instituto Nacional de Pesquisas Hidroviárias (INPH) e que, no exercício de suas competências, deverá observar "as prerrogativas específicas do Comando da Marinha" (§ 3º). Preocupou-se, também, em esclarecer as competências da SEP (§ 2º):

> I - a formulação, coordenação e supervisão das políticas nacionais;
>
> II - a participação no planejamento estratégico, o estabelecimento de diretrizes para sua implementação e a definição das prioridades dos programas de investimentos;
>
> III - a elaboração dos planos gerais de outorgas;
>
> IV - o estabelecimento de diretrizes para a representação do Brasil nos organismos internacionais e em convenções, acordos e tratados referentes às competências mencionadas no *caput* deste artigo; e
>
> V - o desenvolvimento da infraestrutura e da superestrutura aquaviária dos portos e instalações portuárias sob sua esfera de atuação, com a finalidade de promover a segurança e a eficiência do transporte aquaviário de cargas e de passageiros.

Com a nova legislação, foram transferidas para a SEP as competências atribuídas ao MT e ao DNIT, em leis gerais ou específicas, relativas a portos marítimos e portos outorgados e delegados às Companhias Docas. O secretário de Portos passou a ter prerrogativas, garantias, vantagens e direitos equivalentes aos de ministro de Estado (Lei nº 11.518/2007, art. 7º, parágrafo único) e a fazer parte do Conit (com a modificação no art. 7º-A da Lei nº 10.233/2001).

Ainda, como dispõe a Lei nº 11.518/2007 em seu art. 8º, foram transferidas para a SEP as funções do órgão de pesquisas hidroviárias da Companhia Docas do Rio de Janeiro (CDRJ), bem como as funções das administrações hidroviárias vinculadas às Companhias Docas, juntamente com seus acervos, bens e equipamentos. À SEP cabe, em conjunto com o MT e interveniência do DNIT, celebrar instrumento para que o INPH cumpra suas atribuições relativas a pesquisas e estudos sobre portos fluviais e lacustres, transporte aquaviário e hidrovias (parágrafo único do art. 8º da Lei nº 11.518/2007).

Com a Lei nº 12.815/2013, a SEP "passou a ser titular do poder concedente nas concessões de portos federais" (Ramunno, 2013:471), ou seja, a ela incumbe determinar as condições das futuras concessões de portos, bem como celebrar os contratos e outorgar as autorizações.

O campo de atuação da SEP, como se vê, é bastante genérico, como normalmente ocorre com órgãos cuja finalidade principal é servir de agente da política de governo para determinado setor. Essa generalidade, porém, tem potencial para gerar conflitos entre sua atuação e a de outros órgãos já existentes e atuantes, especialmente a Antaq, cuja competência também é bastante ampla, conforme visto no tópico anterior.

Os possíveis conflitos entre os dois órgãos têm como razão de fundo o fato de que a Antaq, a exemplo de outras agências governamentais, não foi criada como órgão meramente executor das políticas traçadas pelo Poder Executivo, mas cumpre função normativa que, em tese, estaria pautada por critérios técnicos a que os órgãos propriamente políticos — como é o caso da SEP — normalmente não se prendem. Acrescente-se a isso que, justamente para que assim possa acontecer, a Antaq foi criada como autarquia de regime especial, isto é, goza de "independência administrativa, autonomia financeira e funcional e mandato fixo de seus dirigentes" (art. 21, § 2º, da Lei nº 10.233/2001).

Se por ora tais conflitos são apenas potenciais no que tange à SEP, eles de fato já ocorreram quando a gestão era de titularidade do MT, sendo que o mais famoso desses casos chegou à Advocacia--Geral da União (AGU) — competente, entre outras atribuições, para dirimir conflitos entre órgãos da administração federal.[30] É interessante resumi-lo por duas razões. Primeiro, porque, embora mais rumoroso, não é único no gênero. Segundo, porque assim se percebe como uma questão do dia a dia dos portos pode ter sua solução dificultada por problemas na interpretação de dispositivos legais genéricos que são equivocadamente considerados irrelevantes para o cotidiano portuário.

Tudo começou quando a Antaq decidiu, por maioria de votos dos seus diretores, que a cobrança de taxa efetuada pelos operadores portuários sobre movimentação e entrega de contêineres destinados a outros recintos alfandegados no porto de Salvador, conhecida como THC 2 (*terminal handling charge*), constituía indício de exploração abusiva de posição dominante no mercado por parte desses operadores portuários, motivo pelo qual remeteu o caso à análise do Conselho Administrativo de Defesa Econômica (Cade). Depois de recorrer à Antaq, que negou provimento ao recurso, o terminal apresentou novo recurso, na própria Antaq, pedindo que o assunto fosse apreciado pelo MT. A Antaq entendeu incabível e negou o envio ao ministério. O terminal interessado recorreu, então, diretamente ao MT, que não só o considerou cabível como lhe deu provimento, declarando a legalidade da taxa que a Antaq, inicialmente, considerara ilegal. A agência reagiu ao fato declarando nula a decisão do MT.

Chamada a arbitrar o conflito, a AGU decidiu que o recurso ao ministério era incabível, como entendera a Antaq, mas deixou claro

---

[30] Parecer nº AC/051, publicado no *Diário Oficial da União* de 19 de junho de 2006 (seção 1, p. 1-11). Cumpre assinalar que ele foi aprovado pelo presidente da República, vinculando toda a organização administrativa federal.

que esse entendimento era excepcional, devendo-se ao fato de que a questão discutida não se referia a "formulação de política para o setor portuário". Em outras palavras, deixou-se aberta a possibilidade de revisão de decisões da Antaq pelo ministério (agora, pela SEP) — através do chamado recurso hierárquico impróprio — sempre que este entenda que se trata de questão relacionada a sua competência específica.

O parecer da AGU foi muito criticado na doutrina, por ir de encontro à estrutura independente das agências,[31] e teve pouco efeito prático, permanecendo respeitada a autonomia funcional das agências pelos poderes Executivo e Judiciário (Guerra, 2014:282; Aragão, 2014:244).

A nova Lei dos Portos representou uma expressa subordinação da Antaq à SEP (Ramunno, 2013:247), estando ela não mais vinculada ao MT, mas à SEP.

Administração do porto organizado

Conselho de Autoridade Portuária (CAP)

A Lei nº 12.815/2013 impõe a criação, em cada porto organizado, de um Conselho de Autoridade Portuária, órgão consultivo da administração do porto (art. 20). Suas atribuições, seu funcionamento e sua composição são definidos no respectivo regulamento (§ 1º do art. 20), sendo que a composição deverá ter a seguinte proporção: 50% de representantes do poder público; 25% de representantes da classe empresarial; 25% de representantes da classe trabalhadora (§ 3º do art. 20).

---

[31] Entre outras razões, Aragão (2014:249) discorda do parecer da AGU, pois ele "contraria a lei das agências reguladoras que lhes assegura a posição de última instância administrativa", bem como pela necessidade de "previsão legal expressa e específica" do recurso hierárquico impróprio.

Ao contrário da Lei nº 8.630/1993, que indicava a composição do órgão, seu funcionamento etc., a nova Lei dos Portos conferiu mais flexibilidade ao regulamento do CAP para se estruturar, estabelecendo, por exemplo, proporção de representantes por setor (ao contrário da lei anterior, que estabelecia números fixos para a representação). Isso também ocorreu com as competências do CAP, que não estão mais definidas em lei. Contudo, foram afastadas suas competências regulatórias (que exercia como poder regulatório local). "Para que se tenha ideia, o CAP foi destituído de seu poder deliberativo e rebaixado a um órgão consultivo da administração portuária" (Gilberto e Bayeux, 2013:452).

Por fim, a nova Lei dos Portos revogou as previsões expressas de influência direta da Antaq no CAP, como a indicação do presidente do CAP (art. 27, § 3º, da Lei nº 10.233/2001) e a competência para apreciar recursos contra decisões do CAP que negarem a abertura de licitação para exploração de área no porto (art. 27, § 4º, da Lei nº 10.233/2001 e art. 5º, § 2º, da Lei nº 8.630/1993).

Autoridade portuária

A administração do porto é exercida por quem é responsável por ele, ou seja, pela União (titular do serviço), pelos estados, municípios, Distrito Federal ou consórcios (quando delegatários da União), ou do concessionário do porto organizado. A administração é denominada autoridade portuária e a ela compete (art. 17, § 1º, da Lei nº 12.815/2013):

> I - cumprir e fazer cumprir as leis, os regulamentos e os contratos de concessão;
>
> II - assegurar o gozo das vantagens decorrentes do melhoramento e aparelhamento do porto ao comércio e à navegação;
>
> III - pré-qualificar os operadores portuários, de acordo com as normas estabelecidas pelo poder concedente;

IV - arrecadar os valores das tarifas relativas às suas atividades;

V - fiscalizar ou executar as obras de construção, reforma, ampliação, melhoramento e conservação das instalações portuárias;

VI - fiscalizar a operação portuária, zelando pela realização das atividades com regularidade, eficiência, segurança e respeito ao meio ambiente;

VII - promover a remoção de embarcações ou cascos de embarcações que possam prejudicar o acesso ao porto;

VIII - autorizar a entrada e saída, inclusive atracação e desatracação, o fundeio e o tráfego de embarcação na área do porto, ouvidas as demais autoridades do porto;

IX - autorizar a movimentação de carga das embarcações, ressalvada a competência da autoridade marítima em situações de assistência e salvamento de embarcação, ouvidas as demais autoridades do porto;

X - suspender operações portuárias que prejudiquem o funcionamento do porto, ressalvados os aspectos de interesse da autoridade marítima responsável pela segurança do tráfego aquaviário;

XI - reportar infrações e representar perante a Antaq, visando à instauração de processo administrativo e aplicação das penalidades previstas em lei, em regulamento e nos contratos;

XII - adotar as medidas solicitadas pelas demais autoridades no porto;

XIII - prestar apoio técnico e administrativo ao conselho de autoridade portuária e ao órgão de gestão de mão de obra;

XIV - estabelecer o horário de funcionamento do porto, observadas as diretrizes da Secretaria de Portos da Presidência da República, e as jornadas de trabalho no cais de uso público;

XV - organizar a guarda portuária, em conformidade com a regulamentação expedida pelo poder concedente.

[...]

§ 4º. A autoridade marítima responsável pela segurança do tráfego pode intervir para assegurar ou garantir aos navios da Marinha do Brasil a prioridade para atracação no porto.

Cabe à autoridade portuária, sob coordenação (Lei nº 12.815/2013, art. 18, grifo nosso):

I - da autoridade marítima:

a) estabelecer, manter e operar o balizamento do canal de acesso e da bacia de evolução do porto;

b) delimitar as áreas de fundeadouro, de fundeio para carga e descarga, de inspeção sanitária e de polícia marítima;

c) delimitar as áreas destinadas a navios de guerra e submarinos, plataformas e demais embarcações especiais, navios em reparo ou aguardando atracação e navios com cargas inflamáveis ou explosivas;

d) estabelecer e divulgar o calado máximo de operação dos navios, em função dos levantamentos batimétricos efetuados sob sua responsabilidade;

e) estabelecer e divulgar o porte bruto máximo e as dimensões máximas dos navios que trafegarão, em função das limitações e características físicas do cais do porto;

II - *da autoridade aduaneira:*

a) delimitar a área de alfandegamento;

b) organizar e sinalizar os fluxos de mercadorias, veículos, unidades de cargas e de pessoas.

Destaca-se a faculdade da administração do porto em explorar as áreas não afetas à atividade portuária (art. 19 da Lei nº 12.815/2013). A exploração observará o Plano de Desenvolvimento e Zoneamento do Porto (PDZ), instrumento elaborado pela autoridade portuária e aprovado pela SEP (art. 17, § 2º) e, quando a administração for um concessionário, a exploração dessas áreas ficará a critério do poder concedente. Essa exploração pode se dar de forma direta — quando a própria administração do porto explora — ou indireta, através do arrendamento da área a terceiros (definido no art. 2º, XI). Por fim, ressalta-se que, sendo o porto organizado um bem público de uso especial, o arrendamento de sua área deverá ser precedido de licitação e seguir as regras atinentes aos contratos públicos (parágrafo único do art. 19).

Por tudo isso, pode-se afirmar que a autoridade portuária exerce as atividades administrativas do porto, sendo "um meio que visa organizar, controlar e dar suporte para a execução das atividades operacionais de movimentação de passageiros e movimentação e armazenagem de mercadorias" (Gilberto e Bayeux, 2013:445).

Administração aduaneira do porto organizado

A administração aduaneira, nos portos organizados, é exercida nos termos da legislação específica. Um breve panorama sobre o assunto foi apresentado no capítulo 2 deste livro.

Prestação de serviços por operadores portuários

Os operadores portuários são as pessoas jurídicas pré-qualificadas para a execução de operações portuárias na área do porto organizado, ou seja, efetuam serviços de *movimentação de passageiros ou movimentação e armazenagem* de *mercadorias* destinadas/provenientes de transporte aquaviário.

PRÉ-QUALIFICAÇÃO DO OPERADOR PORTUÁRIO

A pré-qualificação do operador portuário será efetuada junto à administração do porto e, quando se tratar de concessionário, conforme as normas estabelecidas pelo poder concedente (art. 25). As normas de pré-qualificação deverão seguir os princípios constitucionais da administração pública: a legalidade, impessoalidade, moralidade, publicidade e eficiência (art. 37, *caput*, da CF/1988 e § 1º do art. 25 da Lei nº 12.815/2013). A autoridade terá 30 dias, a contar do pedido do interessado, para decidir (§ 2º do art. 25). Contra o indeferimento cabe, no prazo de 15 dias, recurso à SEP, que o apreciará em 30 dias (§ 3º do art. 25). Considera-se pré-qualificada, como operador nato, a administração do porto (§ 4º do art. 25).

Através da Portaria nº 111/2013 da SEP, definiram-se as competências e os procedimentos que deverão ser adotados pela autoridade portuária para a pré-qualificação do operador portuário.

RESPONSABILIDADE DO OPERADOR PORTUÁRIO

Dispõe o art. 26 da Lei nº 12.815/2013 que o operador portuário responde (sem prejuízo da aplicação das demais normas legais quanto ao transporte marítimo, inclusive as decorrentes de convenções internacionais) perante:

I - a administração do porto pelos danos culposamente causados à infraestrutura, às instalações e ao equipamento de que a administração do porto seja titular, que se encontre a seu serviço ou sob sua guarda;

II - o proprietário ou consignatário da mercadoria pelas perdas e danos que ocorrerem durante as operações que realizar ou em decorrência delas;

III - o armador pelas avarias ocorridas na embarcação ou na mercadoria dada a transporte;

IV - o trabalhador portuário pela remuneração dos serviços prestados e respectivos encargos;

V - o órgão local de gestão de mão de obra do trabalho avulso pelas contribuições não recolhidas;

VI - os órgãos competentes pelo recolhimento dos tributos incidentes sobre o trabalho portuário avulso; e

VII - a autoridade aduaneira pelas mercadorias sujeitas a controle aduaneiro, no período em que lhe estejam confiadas ou quando tenha controle ou uso exclusivo de área onde se encontrem depositadas ou devam transitar.

Com relação às cooperativas formadas por trabalhadores portuários avulsos, devidamente registrados, define o art. 29 da nova Lei dos Portos que lhes é permitido "se estabelecerem como operadores portuários".

GESTÃO DE MÃO DE OBRA DO TRABALHO PORTUÁRIO AVULSO

Os operadores portuários devem constituir, em cada porto organizado, um órgão de gestão de mão de obra do trabalho portuário (Ogmo), o qual, como dispõe o art. 32 da nova Lei dos Portos, terá como finalidade:

> I - administrar o fornecimento da mão de obra do trabalhador portuário e do trabalhador portuário avulso;
>
> II - manter, com exclusividade, o cadastro do trabalhador portuário e o registro do trabalhador portuário avulso;
>
> III - treinar e habilitar profissionalmente o trabalhador portuário, inscrevendo-o no cadastro;
>
> IV - selecionar e registrar o trabalhador portuário avulso;
>
> V - estabelecer o número de vagas, a forma e a periodicidade para acesso ao registro do trabalhador portuário avulso;
>
> VI - expedir os documentos de identificação do trabalhador portuário;
>
> VII - arrecadar e repassar aos beneficiários os valores devidos pelos operadores portuários relativos à remuneração do trabalhador portuário avulso e aos correspondentes encargos fiscais, sociais e previdenciários.

Compete ao Ogmo, de acordo com o art. 33 da Lei nº 12.815/2013, promover a capacitação profissional do trabalhador portuário, bem como programas de readequação aos modernos processos de movimentação de carga e de operação de aparelhos e equipamentos portuários, arrecadando e repassando aos respectivos beneficiários as contribuições destinadas a incentivar o cancelamento do registro e a aposentadoria voluntária; zelar pelas normas destinadas a preservar a saúde, as condições de higiene e a segurança no trabalho portuário avulso; aplicar as normas disciplinares e, em caso de transgressão, as penalidades previstas em lei, contrato, convenção ou acordo coletivo de trabalho (repreensão verbal ou escrita, suspensão do registro por 10 a 30 dias, cancelamento do registro). Compete-lhe, ainda, arrecadar as contribuições destinadas ao órgão e submeter à administração do porto propostas para aprimoramento da operação portuária e de valorização econômica do porto.

Quanto à responsabilidade do Ogmo, define a nova Lei dos Portos, em seu art. 33, § 1º, que o órgão "não responde pelos prejuízos causados pelos trabalhadores portuários avulsos aos tomadores dos seus serviços ou a terceiros", mas responde, "solidariamente com os operadores portuários, pela remuneração devida ao trabalhador portuário avulso e pelas indenizações decorrentes de acidente de trabalho" (art. 33, § 2º).

O Ogmo é "reputado de utilidade pública, sendo-lhe vedado ter fins lucrativos, prestar serviços a terceiros ou exercer qualquer atividade não vinculada à gestão de mão de obra" (art. 39 da nova Lei dos Portos).

Ele "pode exigir dos operadores portuários garantia prévia dos respectivos pagamentos, para atender a requisição de trabalhadores portuários avulsos" (art. 33, § 3º, da nova Lei dos Portos) e pode ceder trabalhador portuário avulso, em caráter permanente, ao operador portuário (art. 35). O exercício das competências mencionadas não implica vínculo empregatício do Ogmo com trabalhador portuário avulso (art. 34).

A gestão da mão de obra do trabalho portuário avulso deve observar as normas do contrato, convenção ou acordo coletivo de trabalho (art. 36).

TRABALHO PORTUÁRIO

O trabalho portuário de capatazia, estiva, conferência de carga, conserto de carga, bloco e vigilância de embarcações,[32] *nos portos organizados, será realizado por trabalhadores portuários com vínculo empregatício a prazo indeterminado* [nesse caso a contratação será feita exclusivamente entre os trabalhadores portuários avulsos registrados] *e por trabalhadores portuários avulsos* [Lei nº 12.815/2013, art. 40, grifos nossos].

O Ogmo organizará e manterá, como dispõe o art. 41 da nova Lei dos Portos:

---

[32] De acordo com o § 1º do art. 40 da Lei nº 12.815/2013, considera-se: "I - capatazia: atividade de movimentação de mercadorias nas instalações dentro do porto, compreendendo o recebimento, conferência, transporte interno, abertura de volumes para a conferência aduaneira, manipulação, arrumação e entrega, bem como o carregamento e descarga de embarcações, quando efetuados por aparelhamento portuário; II - estiva: a atividade de movimentação de mercadorias nos conveses ou nos porões das embarcações principais ou auxiliares, incluindo o transbordo, arrumação, peação e despeação, bem como o carregamento e a descarga, quando realizados com equipamentos de bordo; III - conferência de carga: a contagem de volumes, anotação de suas características, procedência ou destino, verificação do estado das mercadorias, assistência à pesagem, conferência do manifesto, e demais serviços correlatos, nas operações de carregamento e descarga de embarcações; IV - conserto de carga: o reparo e restauração das embalagens de mercadorias, nas operações de carregamento e descarga de embarcações, reembalagem, marcação, remarcação, carimbagem, etiquetagem, abertura de volumes para vistoria e posterior recomposição; V - vigilância de embarcações: a atividade de fiscalização da entrada e saída de pessoas a bordo das embarcações atracadas ou fundeadas ao largo, bem como da movimentação de mercadorias nos portalós, rampas, porões, conveses, plataformas e em outros locais da embarcação; VI - bloco: a atividade de limpeza e conservação de embarcações mercantes e de seus tanques, incluindo batimento de ferrugem, pintura, reparos de pequena monta e serviços correlatos".

1) "cadastro de trabalhadores portuários habilitados ao desempenho dessas atividades". A inscrição nesse cadastro "dependerá exclusivamente de prévia habilitação profissional do trabalhador interessado, mediante treinamento realizado em entidade indicada pelo órgão de gestão de mão de obra";

2) "registro dos trabalhadores portuários avulsos". O ingresso nesse registro "depende de prévia seleção e respectiva inscrição no cadastro [...], obedecidas a disponibilidade de vagas e a ordem cronológica de inscrição no cadastro".

A seleção e o registro do trabalhador portuário avulso, como determina ainda a nova Lei dos Portos, em seu art. 42, "serão feitos pelo órgão de gestão de mão de obra avulsa, de acordo com as normas que forem estabelecidas em contrato, convenção ou acordo coletivo de trabalho", sendo que a remuneração, a definição de funções e demais condições do trabalho avulso "serão objeto de negociação entre as entidades representativas dos trabalhadores portuários avulsos e dos operadores portuários" (art. 43).

De acordo com o disposto no art. 40, § 3º, da nova Lei dos Portos, "o operador portuário [...] não poderá locar ou tomar mão de obra sob o regime de trabalho temporário de que trata a Lei nº 6.019, de 3 de janeiro de 1974".

Exploração do porto organizado

A CF/1988 é sintética quando trata da exploração de portos.[33] Determina apenas, em seu art. 21, XII, que "compete à União explorar di-

---

[33] É importante frisar que não existem muitos estudos específicos por autores brasileiros quanto à exploração de portos marítimos, o que torna bastante difícil a elaboração deste trabalho.

retamente ou mediante autorização, concessão ou permissão os serviços de transporte ferroviário e aquaviário entre portos brasileiros e fronteiras nacionais", acrescentando que tal se aplica também aos "que transponham os limites de Estado ou Território" e aos "portos marítimos, fluviais e lacustres".

Percebe-se, assim, que se atribuíram dois diferentes serviços à União, quais sejam: o serviço de transporte (ferroviário/aquaviário) entre portos brasileiros e fronteiras nacionais ou que transponham os limites de estados e territórios e, propriamente, o serviço de exploração de portos.

A Constituição é lacônica quanto ao que entende por "exploração de portos", deixando, assim, ampla margem de interpretação. Da leitura do dispositivo transcrito, podemos chegar a duas conclusões:

- o serviço de exploração de portos é um serviço público, conforme veremos a seguir;
- não houve definição exata do que se entende por "exploração de portos".

A importância de se saber exatamente o que o constituinte pretendeu abranger com o conceito de "exploração de portos" encontra-se na determinação de quais atividades portuárias serão consideradas serviços públicos e, portanto, estarão sujeitas ao regime jurídico próprio relativo a ele, qual seja, o regime de direito público.

Cumpre observar, inicialmente, que nem a Lei nº 12.815/2013 nem, muito menos, a Lei nº 10.233/2001 trouxeram maiores esclarecimentos sobre em que consistiria a "exploração de portos".

É regra de interpretação do direito constitucional que, não tendo o constituinte efetuado qualquer restrição em sua redação, não pode seu intérprete fazê-lo. Assim, em vista dessa norma hermenêutica, é possível a interpretação segundo a qual qualquer forma de exploração dos portos seria atividade de competência da União, de modo que somente poderia ser transmitida aos particulares por intermédio de autorização, concessão ou permissão.

A exploração de portos e o conceito de serviço público

O conceito de serviço público é muito polêmico no direito brasileiro. Discute-se se deve ser definido com base na pessoa que o presta (conceito orgânico, ou seja, aquele prestado pelo poder público), com base nas características extrínsecas (conceito formal) ou com base em seu objeto (conceito material). Pode, ainda, ter uma acepção ampla e outra restrita.

Apesar da divergência na doutrina sobre o exato conceito de "serviço público", não há dúvidas quanto ao fato de que as atividades descritas no art. 21, XII, da CF/1988[34] — as portuárias, portanto — constituem serviços públicos para os fins legais, e sua titularidade é privativa do Estado.

A principal consequência de considerar um serviço como público é a de sujeitar sua execução a regime jurídico (normas e princípios) próprio — o público. Segundo Bandeira de Mello (2004:621):

> Por meio de tal regime o que se intenta é instrumentar quem tenha a seu cargo garantir-lhes a prestação com os meios jurídicos necessários para assegurar a boa satisfação dos interesses públicos encarnados no serviço público. Pretende-se proteger do modo mais eficiente possível as conveniências da coletividade e, igualmente, defender a boa prestação do serviço não apenas (a) em relação a terceiros que pudessem obstá-la; mas também — e com o mesmo empenho — (b) em relação ao próprio Estado e (c) ao sujeito que as esteja desempenhando.

O regime jurídico aplicável aos serviços públicos possui a particularidade de ser orientado pela busca do atendimento ao interesse

---

[34] CF/1988: "Art. 21. Compete à União: [...] XII - explorar, diretamente ou mediante autorização, concessão ou permissão: [...] f) os portos marítimos, fluviais e lacustres".

público, sendo regido, portanto, por princípios próprios, não provenientes do direito privado, tais como:

- *princípio da continuidade do serviço público*, por meio do qual se afirma que, por envolver o atendimento do interesse público, tais serviços não podem deixar de ser prestados;
- *princípio da mutabilidade do regime jurídico (ou da flexibilidade dos meios aos fins)*, por meio do qual permite-se à administração pública alterar o regime de execução de tais serviços, não sendo possível se falar em direito adquirido.

Além disso, a CF/1988 é expressa ao afirmar, em seu art. 175, que a execução dos serviços públicos somente poderá ser outorgada pelo Estado ao particular por intermédio de *concessão* ou *permissão*, e, no caso dos portos, também de *autorização*, nos termos de seu art. 21, XII. Portanto, o particular que for exercer atividade considerada serviço público estará sujeito a situações diversas daquelas existentes em uma relação contratual privada.

Também é importante destacar que a outorga dos serviços públicos ocorre entre particular e Estado, o qual se encontra em posição de supremacia em face daquele, seja porque se contrata a transferência da execução de atividade de interesse público, seja porque o Estado permanece titular daqueles, mesmo após a licitação.

Como consequência de sua posição de supremacia e da necessidade de persecução do interesse público, o Estado poderá rescindir unilateralmente o contrato ou impor revisão unilateral de suas cláusulas. Observa-se que, em decorrência do interesse público — inato nos serviços públicos —, o Estado detém poderes contratuais que exorbitam os ordinários, presentes em relações privadas, dando origem, assim, às chamadas *cláusulas exorbitantes* nos contratos administrativos.

Os contratos administrativos, por meio dos quais são estipuladas as condições em que um particular exercerá um determinado serviço público, são regidos, especialmente, pelas leis nº 8.987/1995 (Lei Geral de Concessões), n° 8.666/1993 (Lei de Contratos Administrativos e Licitações), n° 11.079/2004 (no caso das parcerias público-privadas) e, quando houver, a lei que regula o setor (no caso dos portos, a Lei n° 12.815/2013).

Não obstante a análise do conceito e das particularidades dos contratos administrativos ser relevante para a adequada percepção das especificidades da exploração da atividade portuária, seu estudo é muito complexo, não podendo ser alvo deste livro. Assim, por ora mencionaremos apenas suas principais características, na concepção de Di Pietro (2001:216):

> 1) presença da administração pública como poder público, o que lhe confere posição de supremacia em face do particular;
>
> 2) finalidade pública do objeto contratado, o que poderá impor restrições maiores aos interesses particulares das partes envolvidas;
>
> 3) obediência à forma prescrita em lei, em especial ao disposto na Lei n° 8.666/1993;
>
> 4) procedimento legal (licitação) para sua celebração;
>
> 5) natureza de contrato de adesão, já que suas cláusulas são fixadas unilateralmente pela administração;
>
> 6) natureza *intuitu personae*, de modo que os contratos são firmados especialmente em consideração às características dos contratados, apresentadas na fase licitatória, sendo vedadas fusões, cisões ou incorporações que afetem a execução do contratado;
>
> 7) presença de cláusulas exorbitantes (tais como alteração e rescisão unilateral do contrato, aplicação de penalidades, retomada do objeto, restrição à exceção do contrato não cumprido para justificar o inadimplemento contratual);
>
> 8) mutabilidade, decorrente da aplicação das cláusulas exorbitantes, sendo assegurado ao contratado o direito de manutenção do equilíbrio econômico-financeiro, inicialmente estipulado na licitação.

Consequentemente, tratando-se de serviço público, cujo exercício pelo particular depende de outorga por meio de concessão ou permissão, haverá necessidade de observância de procedimentos licitatórios previstos na Lei nº 8.666/1993, ou, como possibilitado pela Lei nº 12.815/2013, o procedimento previsto no Regime Diferenciado de Contratações (Lei nº 12.462/2011), bem como nas regras licitatórias da Lei nº 8.987/1995 e nas regras setoriais.

Em 2004 foi editada a Lei nº 11.079, que instituiu as "parcerias público-privadas" (PPPs), que são, na verdade, duas novas espécies de concessão, ao lado da concessão comum da Lei nº 8.987/1995. São elas:

> 1) concessão patrocinada — concessão de serviços públicos ou de obras públicas, conforme previsto na Lei nº 8.987/1995, quando envolver, adicionalmente à tarifa cobrada dos usuários, contraprestação pecuniária do parceiro público ao parceiro privado. Para que essa concessão possa ser classificada como PPP, diferenciando-se da comum, é indispensável a existência da contraprestação ora mencionada (art. 2º, § 1º, da Lei nº 11.079/2004);
>
> 2) concessão administrativa — contrato de prestação de serviços de que a administração pública é usuária (direta ou indireta), ainda que envolva a execução de obra ou fornecimento e instalação de bens (art. 2º, § 2º).

A contratação de PPPs deve observar algumas limitações impostas pela lei. Isso, porque são contratos que oneram o Estado e devem ser pensados de forma responsável, pois sempre haverá pagamento de contraprestação do concedente (Estado) ao concessionário. Não será possível a celebração de contrato de parceria público-privada se o valor for inferior a R$ 20 milhões (art. 2º, § 4º, I, da Lei nº 11.079/2004), se o período de prestação do serviço for inferior a cinco anos (art. 2º, § 4º, II) ou se tiver como objeto único o fornecimento de mão de obra, o fornecimento e a instalação de equipamentos ou a execução de obras públicas (art. 2º, § 4º, III).

Suas limitações não impedem que essas espécies de concessão sejam utilizadas para outorgar serviços portuários. Assim, o poder concedente, ao decidir conceder o porto organizado à iniciativa privada, poderá escolher a modalidade de concessão administrativa ou patrocinada. Importa, diante desse quadro, ressaltar as diferenças no regime jurídico da concessão comum (Lei nº 8.987/1995) com as PPPs (regidas principalmente pela Lei nº 11.709/2004), o que será feito no capítulo 4 desta obra.

Destaca-se, no contrato de PPP, a diretriz de repartição objetiva de riscos entre as partes (art. 4º, VI, da Lei nº 11.079/2004), inclusive referente a caso fortuito, força maior, fato do príncipe e álea econômica extraordinária, ou seja, aquela que extrapola o risco normal da atividade (art. 50, III, da mesma lei). Como decorrência dessa assunção de riscos, tanto os parceiros públicos quanto os privados prestarão garantias de suas obrigações.

Ressalta-se, ainda, que a Lei das PPPs prevê a obrigatoriedade de compartilhamento, com a administração pública, de ganhos econômicos efetivos do parceiro privado decorrentes da redução do risco de crédito dos financiamentos utilizados pelo parceiro privado (art. 5º, IX).

A Lei das PPPs, em seu art. 5º, § 2º, procurou dar ao parceiro privado maiores garantias em relação ao contrato de concessão comum, prevendo:

> § 2º. Os contratos poderão prever adicionalmente:
>
> I - os requisitos e condições em que o parceiro público autorizará a transferência do controle ou a administração temporária da sociedade de propósito específico aos seus financiadores e garantidores com quem não mantenha vínculo societário direto, com o objetivo de promover a sua reestruturação financeira e assegurar a continuidade da prestação

dos serviços, não se aplicando para este efeito o previsto no inciso I do parágrafo único do art. 27 da Lei nº 8.987, de 13 de fevereiro de 1995;

II - a possibilidade de emissão de empenho em nome dos financiadores do projeto em relação às obrigações pecuniárias da Administração Pública;

III - a legitimidade dos financiadores do projeto para receber indenizações por extinção antecipada do contrato, bem como pagamentos efetuados pelos fundos e empresas estatais garantidores de parcerias público-privadas.

A contratação da PPP será precedida de licitação, na modalidade concorrência (art. 10 da Lei nº 11.709/2004). O procedimento licitatório previsto na mencionada lei possui algumas particularidades em relação àquele previsto na Lei nº 8.666/1993.[35]

---

[35] Nesse sentido, o art. 12 da Lei nº 11.079/2004 (grifo nosso): "O certame para a contratação de parcerias público-privadas obedecerá ao procedimento previsto na legislação vigente sobre licitações e contratos administrativos e também ao seguinte: I - o julgamento poderá ser precedido de etapa de qualificação de propostas técnicas, desclassificando-se os licitantes que não alcançarem a pontuação mínima, os quais não participarão das etapas seguintes; II - o julgamento poderá adotar como critérios, além dos previstos *nos incisos I e V do art. 15 da Lei nº 8.987, de 13 de fevereiro de 1995*, os seguintes: a) menor valor da contraprestação a ser paga pela Administração Pública; b) melhor proposta em razão da combinação do critério da alínea "a" com o de melhor técnica, de acordo com os pesos estabelecidos no edital; III - o edital definirá a forma de apresentação das propostas econômicas, admitindo-se: a) propostas escritas em envelopes lacrados; ou b) propostas escritas, seguidas de lances em viva voz; IV - o edital poderá prever a possibilidade de saneamento de falhas, de complementação de insuficiências ou ainda de correções de caráter formal no curso do procedimento, desde que o licitante possa satisfazer as exigências dentro do prazo fixado no instrumento convocatório; § 1º. Na hipótese da alínea 'b' do inciso III do *caput* deste artigo: I - os lances em viva voz serão sempre oferecidos na ordem inversa da classificação das propostas escritas, sendo vedado ao edital limitar a quantidade de lances; II - o edital poderá restringir a apresentação de lances em viva voz aos licitantes cuja proposta escrita for no máximo 20% (vinte por cento) maior que o valor da melhor proposta; § 2º. O exame de propostas técnicas, para fins de qualificação ou julgamento, será feito por ato motivado, com base em exigências, parâmetros e indicadores de resultado pertinentes ao objeto, definidos com clareza e objetividade no edital".

Segundo Di Pietro (2006:159), um dos objetivos da Lei das PPPs foi apresentar uma resposta à necessidade de realização de obras de infraestrutura, para as quais o governo não dispõe de recursos necessários, e, também, privatizar a administração pública, transferindo, no seu entender, grande parte das funções públicas.

Regime jurídico da exploração das atividades associadas aos portos

A diretriz geral do gerenciamento da infraestrutura dos transportes aquaviários é a descentralização das ações, por meio de transferência a outras entidades públicas (convênios de delegação) ou a empresas públicas ou privadas, mediante autorização, concessão ou permissão, conforme disposto no art. 21, XII, da CF/1988.

O inciso I do art. 13 da Lei nº 10.233/2001 determina que as transferências para as empresas públicas ou privadas sejam feitas sob a forma de *concessão* quando se tratar de "exploração de infraestrutura de transporte público, precedida ou não de obra pública, e de prestação de serviços de transporte associados à exploração da infraestrutura". Em outras palavras, conforme explicitado no art. 14, I, a exploração de portos organizados, ferrovias e rodovias para particulares deve ser outorgada mediante concessão. Já os serviços de transporte aquaviários, desvinculados da exploração da infraestrutura, dependem de autorização.

A construção e a operação de instalações portuárias fora do porto organizado — terminal de uso privado (TUP), estação de transbordo de carga (ETC), instalação portuária pública de pequeno porte (IP4) e instalação portuária de turismo (IPT) — também devem ser precedidas de autorização pelo poder público (art. 14, III, "c").

Ainda no art. 14, em seu § 1º, "as outorgas de concessão ou permissão serão sempre precedidas de licitação, conforme prescreve o art. 175 da Constituição Federal". A exigência de licitação tem como objetivo impedir a escolha arbitrária pelo administrador. Deverá este, portanto, observar um procedimento licitatório que justifique sua opção por um determinado agente econômico. Nas hipóteses de autorização, será realizado o chamado ou anúncio público, conforme prevê o art. 8º da nova Lei dos Portos.

CONCESSÃO DE PORTOS ORGANIZADOS

O Decreto nº 8.033/2013 detalhou aspectos relacionados com a concessão de portos organizados. A possibilidade de concessão de portos organizados a particulares já existia, pois tanto a Constituição Federal quanto a antiga Lei dos Portos a ela faziam referência. Mas, na prática, as Companhias Docas, controladas pela União e entidades designadas pelos estados e municípios, são quem tradicionalmente exploram os portos organizados brasileiros. O único porto organizado sob administração da iniciativa privada (Imbituba — SC) foi concedido muito antes, precisamente em 13 de setembro de 1941 (Decreto nº 7.842).

A concessão de portos organizados pode envolver a implantação de novos portos ou a outorga da exploração de portos já existentes e em funcionamento. Em ambos os casos, a concessão visa aprimorar a disponibilidade dos serviços portuários. Com a concessão de novos portos, um novo agente econômico ingressará no mercado, elevando a competição entre os portos e a oferta do serviço. Com a outorga de porto já existente, o concessionário será responsável pela gestão da infraestrutura — realizando a manutenção e a atualização necessária dos equipamentos — ou mesmo, através das normas presentes no contrato de concessão, deverá seguir planos de ampliação e expansão da oferta do serviço naquele porto organizado.

Segundo o art. 19 do Decreto nº 8.033/2013, a concessão será outorgada a pessoa jurídica de direito público ou privado, por até 25 anos, podendo o contrato ser prorrogado uma única vez por período não superior ao originalmente contratado. A licitação para a outorga da concessão deverá seguir as regras do Regime Diferenciado de Contratações (Lei nº 12.462/2011), nas regras especiais presentes na nova Lei dos Portos e no Decreto nº 8.033/2013.

O objeto da concessão será sempre o desempenho das funções de administração do porto (art. 20 do Decreto nº 8.033/2013). Quando a outorga corresponder a funções parciais de administração, o concessionário não poderá explorar as instalações portuárias. Sendo a outorga das funções de administração do porto total, o concessionário poderá explorar indiretamente as instalações portuárias, dependendo de previsão contratual a possibilidade de exploração direta pelo concessionário. É importante frisar que a exploração indireta das instalações portuárias será feita pelo concessionário com terceiros através de contratos regidos pelo direito civil (como o arrendamento mercantil), conforme o art. 21 do Decreto nº 8.033/2013, e terá sua vigência limitada ao prazo do contrato de concessão (art. 21, § 2º, do mesmo decreto).

CONSTRUÇÃO, REFORMA, AMPLIAÇÃO E MELHORA DE INSTALAÇÃO PORTUÁRIA

O particular interessado terá assegurado, segundo os termos contratuais, o direito de construir, reformar, ampliar, arrendar e explorar instalações portuárias, nas hipóteses de:

- *contrato de arrendamento*, celebrado com a União (no caso de exploração direta, ou com a concessionária ou delegatária do porto organizado), *sempre através de licitação*, quando a referida instalação for *localizada dentro dos limites da área* do porto organizado. O contrato prevê o compromisso, pelo arrendatário, de prestar "serviços adequados" — conceito típico do regime dos serviços públicos, destacando-se que os preços máximos podem ser limitados pelo poder público;

- *autorização editada pela Antaq*, quando se tratar de TUP ou de ETC. Nesse caso *não* há a realização de processo licitatório, mas, caso necessário, de processo seletivo;
- autorização editada pelos estados ou municípios, para IP4.

A autorização consiste em ato unilateral de delegação a uma empresa privada ou entidade pública, constituída sob as leis brasileiras, com sede e administração no país, que atenda aos requisitos técnicos, econômicos e jurídicos estabelecidos. Embora se trate de autorização, o art. 2º, XII, da Lei nº 12.815/2013 dispõe que ela será *formalizada mediante contrato de adesão*.

As instalações portuárias estão sujeitas à fiscalização das autoridades aduaneira, marítima, sanitária, de saúde e de polícia marítima. Para celebrar todos os contratos deve-se, previamente, consultar a autoridade aduaneira e o poder público municipal e deve ser emitido o termo de referência para os estudos ambientais com vistas ao licenciamento pelo órgão competente (art. 14, I, II e III, da Lei nº 12.815/2013).

A autorização[36] é normalmente definida como ato administrativo unilateral e discricionário, com caráter precário, ou seja, pode ser revogado a qualquer momento pela administração pública e outorgado ao particular, em regra, em seu interesse exclusivo.[37] Justamente por essas características não é utilizada em outorgas de serviços públicos que exijam grande desembolso de recursos pelo particular seleciona-

---

[36] Parte da doutrina questiona a utilização da autorização como forma de delegação de serviços públicos. Nesse sentido, eis o que ensina Meirelles (1998:341-342, grifo nosso): "serviços autorizados são aqueles que o Poder Público, por ato unilateral, precário e discricionário, consente na sua execução por particular para atender a interesses coletivos instáveis ou emergência transitória. Fora destes casos, para não fraudar o princípio constitucional da licitação, a delegação deve ser feita mediante permissão ou concessão. São serviços delegados e controlados pela Administração autorizante, normalmente sem regulamentação específica, e sujeitos, por índole, a constantes modificações do modo de sua prestação ao público e a supressão a qualquer momento, o que agrava sua precariedade. [...] Sendo uma modalidade de *delegação discricionária, em princípio, não exige licitação*".

[37] Ver Di Pietro (2001:210-211).

do, evitando que a administração pública revogue a autorização sem que o particular tenha conseguido recuperar seus investimentos.[38]

Nesse sentido, é atípica a atribuição de autorização por intermédio de "contrato de adesão", como dispõe a Lei nº 12.815/2013, sobretudo porque se garante que esse contrato será firmado por tempo determinado (mesmo que prorrogável sucessivamente). É pacífico na doutrina brasileira que, ainda que os contratos de adesão possuam cláusulas predispostas por uma das partes, é indispensável, para sua formalização, a existência de *duas vontades distintas*. Ou seja, o fato de uma das partes "ditar" seus termos não afasta sua natureza contratual, visto que, sem que haja o concurso da vontade de duas partes de firmarem um "negócio", não será possível formar-se o contrato. Assim, ainda que uma das partes não tenha muita liberdade no contrato, é reservada a ela a "liberdade mínima" de determinar se aceita ou não ingressar na referida relação contratual.

A Antaq, que desde a edição da Lei nº 10.233/2001 passou a responsabilizar-se pela outorga dessa autorização, fez isso até meados de 2008, mediante a lavratura de mero "termo de autorização", e não por contrato de adesão (este sequer era mencionado na Resolução Antaq nº 517/2005, que, à época, disciplinava as autorizações). Isso gerava muitas controvérsias no setor, já que a Lei nº 10.233/2001 não modificara nenhum dispositivo da Lei nº 8.630/1993. Esse foi um dos problemas que motivaram a edição do Decreto nº 6.620/2008, cujo art. 37 dispôs que a autorização para a "construção e exploração de

---

[38] E, ainda, Maria Sylvia Zanella Di Pietro (2006:152-153): "[...] a autorização de serviço público [...] é dada no interesse exclusivo do particular que a obtém; ele não exerce uma atividade que vá ser usufruída por terceiros, mas apenas por ele mesmo [...] Precisamente por ser a autorização dada no interesse exclusivo do particular, não há necessidade de que lhe sejam delegadas prerrogativas públicas. O poder público titular do serviço dá a autorização com base no poder de polícia do Estado e, com base nesse mesmo poder, estabelece as condições em que a atividade será exercida e fiscaliza o exercício dessa atividade. [...] Sendo a autorização, por definição, um ato precário, a rigor deve ser outorgada sem prazo, de tal forma que o Poder Público pode revogá-la, a qualquer momento, sem direito a indenização; a fixação de prazo poderá investir o beneficiário, em caso de revogação extemporânea".

instalação portuária de uso privativo será outorgada mediante a celebração de instrumento jurídico denominado contrato de adesão, a ser celebrado com a ANTAQ". O art. 49, I, do mesmo decreto, por sua vez, determinou que, em 180 dias contados da sua publicação, a Antaq procedesse "à adequação das disposições regulatórias referentes aos arrendamentos e às autorizações de instalações portuárias". A adequação foi efetuada mediante a edição, pela Antaq, em 8 de abril de 2010, da Resolução nº 1.660/2010, que revogou expressamente a Resolução nº 517/2005 e ratificou o que fora estabelecido pelo Decreto nº 6.620/2008, dispondo que a autorização será formalizada mediante a assinatura de contrato de adesão.

Mais do que uma mera questão de nomenclatura, o que está em jogo é a segurança jurídica necessária para o autorizado realizar os vultosos investimentos necessários à implantação de terminal portuário, segurança essa que não é garantida quando a outorga se reveste das características tradicionais da autorização.

A Lei nº 12.815/2013 alterou um pouco esse quadro. Agora, o responsável por outorgar a autorização é a SEP e não mais a Antaq.

Outros órgãos públicos que atuam nos portos e respectivas competências

Além dos órgãos diretamente ligados à exploração do porto, cujas competências foram expostas no início deste capítulo, há outros órgãos que atuam nos portos com um extenso leque de competências que incide sobre vários aspectos da atividade portuária. Foi tendo isso em mente que o legislador redigiu o art. 22 da Lei nº 12.815/2013, de acordo com o qual compete à SEP coordenar "a atuação integrada dos órgãos e entidades públicos nos portos organizados e instalações portuárias, com a finalidade de garantir a eficiência e a qualidade de suas atividades, nos termos do regulamento".

ASPECTOS JURÍDICOS DA EXPLORAÇÃO DOS PORTOS | 127

Comenta-se, ao longo das próximas linhas, alguns desses órgãos e entidades públicos, que terão sua atuação coordenada pela SEP.

Autoridade marítima e Comissão Nacional de Portos (Conportos)

A autoridade marítima é exercida pelo comandante da Marinha (art. 17, parágrafo único, da Lei Complementar nº 97/1999) e assim estabelecida:

> Art. 17. Cabe à Marinha, como atribuições subsidiárias particulares:
>
> I - orientar e controlar a Marinha Mercante e suas atividades correlatas, no que interessa à defesa nacional;
>
> II - prover a segurança da navegação aquaviária;
>
> III - contribuir para a formulação e condução de políticas nacionais que digam respeito ao mar;
>
> IV - implementar e fiscalizar o cumprimento de leis e regulamentos, no mar e nas águas interiores, em coordenação com outros órgãos do Poder Executivo, federal ou estadual, quando se fizer necessário, em razão de competências específicas.
>
> V - cooperar com os órgãos federais, quando se fizer necessário, na repressão aos delitos de repercussão nacional ou internacional, quanto ao uso do mar, águas interiores e de áreas portuárias, na forma de apoio logístico, de inteligência, de comunicações e de instrução.
>
> Parágrafo único. Pela especificidade dessas atribuições, é da competência do Comandante da Marinha o trato dos assuntos dispostos neste artigo, ficando designado como "Autoridade Marítima", para esse fim.

A competência da autoridade marítima não tem, como se vê, pontos de sobreposição com aquelas exercidas pelos outros órgãos já mencionados neste capítulo. O § 3º do art. 24-A da Lei nº 10.683/2003, para reforçar esse entendimento, dispõe que a SEP observará as prerrogativas específicas do Comando da Marinha. E há dispositivo semelhante na Lei nº 10.233/2001 — que instituiu a Antaq — para disciplinar a relação entre essa autarquia e a autoridade marítima (art. 27, § 2º):

> § 2º. A ANTAQ observará as prerrogativas específicas do Comando da Marinha e atuará sob sua orientação em assuntos de Marinha Mercante que interessarem à defesa nacional, à segurança da navegação aquaviária e à salvaguarda da vida humana no mar, devendo ser consultada quando do estabelecimento de normas e procedimentos de segurança que tenham repercussão nos aspectos econômicos e operacionais da prestação de serviços de transporte aquaviário.

A autoridade marítima tem competência para autorizar movimentação em situações de assistência a embarcação ou seu salvamento (art. 17, § 1º, IX, da Lei nº 12.815/2013) e pode intervir para garantir prioridade de atracação a embarcações da Marinha (art. 17, § 4º, da mesma lei).

O conteúdo das normas que devem ser editadas pela autoridade marítima está previsto na Portaria nº 156/MB/2004, anexo F, do Comando da Marinha, devendo versar sobre: segurança do tráfego aquaviário; inspeção naval; segurança das embarcações; praticagem; sinalização náutica; cartografia náutica; meteorologia marinha; busca e salvamento de vida humana; assistência e salvamento de embarcações em perigo no mar, nos portos e nas vias navegáveis interiores; prevenção da poluição por parte de embarcações, plataformas ou suas instalações de apoio e da poluição causada por lançamento de óleo e outras substâncias nocivas ou perigosas em águas sob jurisdição nacional; pesquisa e investigação científica em águas sob jurisdição nacional; pesquisa, exploração, remoção e demolição de coisas ou bens afundados, submersos, encalhados e perdidos em águas sob jurisdição nacional, em terreno de marinha e seus acrescidos e em terrenos marginais, em decorrência de sinistro, alijamento ou fortuna do mar, que não estejam sob domínio da União.

A Comissão Nacional de Segurança Pública nos Portos, Terminais e Vias Navegáveis (Conportos) foi criada em 1995, no âmbito do Ministério da Justiça, com o objetivo de estabelecer padrões normativos para garantir a segurança pública nos portos. É integrada por um representante e respectivo suplente de cada um dos seguintes ministérios: da Justiça, que a presidirá; da Marinha; da Fazenda; das Relações Exteriores; dos Transportes.

A partir de 2002, o foco de seu trabalho passou a ser a implementação do Código Internacional para Segurança de Navios e Instalações Portuárias (ISPS Code — *International Ship and Port Facility Security Code*), conjunto de normas aprovadas pela Organização Marítima Internacional (IMO — *Internacional Maritime Organization*) em dezembro de 2002, com as quais se pretendeu aperfeiçoar as normas de segurança portuária para fazer frente a novas ameaças como aquelas que se manifestaram nos ataques às torres gêmeas, em Nova York, no ano de 2001.

Para cumprimento de suas atribuições, a Conportos conta, em sua estrutura, com as Comissões Estaduais de Segurança Pública nos Portos, Terminais e Vias Navegáveis (Cesportos), compostas, no mínimo, por representantes do Departamento de Polícia Federal (DPF), da Capitania dos Portos, da Secretaria da Receita Federal, das administrações portuárias e do governo do estado.

Órgãos ambientais, autoridade aduaneira e Secretaria do Patrimônio da União

Os operadores portuários são os mais diretamente atingidos pela atuação desses órgãos, pois deles dependem para instalar terminal no porto organizado. Porém os titulares de terminais privados criados fora dessa área precisam cumprir as normas pertinentes.

O licenciamento ambiental é requisito para a instalação de qualquer empreendimento nos portos brasileiros. Sua disciplina básica está na Lei nº 6.938/1981, na Lei Complementar nº 140/2011 e na Resolução nº 237/1997, do Conselho Nacional do Meio Ambiente (Conama). Um dos principais problemas enfrentados nesse campo é quanto ao órgão que deve ser procurado para efetuar o licenciamento, pois, embora a Resolução nº 237/1997 tenha procurado disciplinar a questão, deixou lacunas importantes que continuam a gerar dúvidas. A partir das alterações introduzidas pela Lei Complementar nº 140/2011, a regra geral é que o licenciamento ambiental de portos organizados e instalações portuárias localizadas no mar territorial deve ser requerido ao órgão federal, Instituto Brasileiro do Meio Ambiente e Recursos Naturais Renováveis — Ibama (art. 7º, XIV, "b"); quando se tratar de porto organizado e instalações portuárias localizadas nas águas interiores, o órgão estadual será o competente (art. 8º, XIV).

As relações com a Secretaria do Patrimônio da União (SPU) referir-se-ão, ordinariamente, à titularidade e regularidade da posse exercida sobre os terrenos de marinha e sobre outros imóveis de propriedade da União. Assim, aquele que tiver a posse de terreno da União deverá, para que possa pleitear autorização a fim de operar instalação portuária, dentro ou fora do porto organizado, apresentar certidão de inscrição de ocupação (Decreto-Lei nº 9.760/1946, art. 128) ou certidão de aforamento (Decreto-Lei nº 9.760/1946, arts. 99 a 124) do terreno, expedidas pela SPU, acompanhadas do último comprovante de recolhimento da taxa de ocupação ou do foro.

Vigilância sanitária; Polícia Marítima; Ministério do Trabalho e Emprego; Ministério da Agricultura, Pecuária e Abastecimento

A vigilância sanitária nos portos está regulada pelo Regulamento Técnico, anexo à Resolução da Diretoria Colegiada (RDC) nº 217/2001, da Anvisa. Trata-se de extenso documento com vistas à promoção da vigilância sanitária nos Portos de Controle Sanitário instalados no território nacional, embarcações que operem transportes de cargas e ou viajantes nesses locais, e com vistas a promoção da vigilância epidemiológica e do controle de vetores dessas áreas e dos meios de transporte que nelas circulam [Anvisa, RDC nº 217/2001, exposição de motivos].

É considerado "porto de controle sanitário", para os fins da resolução, de acordo com o inciso XXXVIII do art. 1º do referido Regulamento Técnico, o porto ou terminal aquaviário, retroportuário, alfandegado, de carga ou de uso privativo localizado no território nacional que, sendo estratégico do ponto de vista epidemiológico, está sujeito à vigilância sanitária.

Em síntese, qualquer instalação portuária, além das embarcações, está sujeita à fiscalização sanitária, sendo que o resultado da fiscalização pode impedir o desembarque de cargas ou de pessoas e, até mesmo, a atracação de embarcação, salvo para reabastecimento e aquisição de víveres.

Ainda de forma breve, vale registrar a existência da Polícia Marítima, divisão específica da Polícia Federal voltada para a prevenção e repressão de crimes a bordo de embarcações, crimes ambientais, imigração ilegal, contrabando e descaminho, tráfico ilícito de drogas, contrabando de armas etc., cometidos ou tentados na região portuária.

O MTE, a exemplo do que faz com relação a outros ambientes de trabalho, mantém corpo de fiscais para verificar o cumprimento da legislação trabalhista. No interior do próprio órgão reconhece-se que o trabalho portuário tem características únicas, o que torna a fiscalização também específica. A principal distinção refere-se à existência do Ogmo, que centraliza o cadastro de trabalhadores portuários, avulsos ou não. Cabe ao Ministério da Agricultura, Pecuária e Abastecimento (Mapa) fiscalizar a entrada de produtos agropecuários no país.

O objetivo deste capítulo era apresentar um panorama da regulação da atividade portuária e dos diversos entes e exigências a que estão sujeitos os interessados em atuar nos portos brasileiros. Cada um desses temas mereceria, certamente, tratamento mais detalhado, o qual não é possível, no entanto, no restrito espaço deste trabalho. Espera-se que a indicação da legislação existente e os breves comentários sobre aspectos polêmicos ou mais relevantes sirvam de guia aos interessados para maior aprofundamento no assunto.

Capítulo 4

Contratos administrativos que possibilitam a exploração de portos

EDUARDO MARIO DIAS

GUSTAVO GASIOLA

LEONARDO TOLEDO DA SILVA

MARIA LÍDIA REBELLO PINHO DIAS SCOTON

MARIA RITA REBELLO PINHO DIAS

RODRIGO FERNANDES MORE

RODRIGO PORTO LAUAND

Desde a década de 1930, passando pela Lei nº 8.630/1993, até a edição da Lei nº 12.815/2013, a exploração de portos no Brasil foi predominantemente feita de forma direta pela União ou por estado da Federação. Entre as poucas exceções, somente a operação do porto de Imbituba, concedida à iniciativa privada em 1941, representou a outorga a particulares de instalações portuárias públicas.

A Constituição Federal de 1988, como visto, prevê que a exploração de portos será feita direta ou indiretamente, mediante concessão, permissão ou autorização. Isso, porém, não foi suficiente para garantir o acesso do capital privado a essa atividade, uma vez que a mera possibilidade jurídica não alterou a situação real de exploração direta de portos pelo poder público. A alteração desse quadro necessita de esforço governamental efetivo para a outorga de portos à iniciativa privada.

A Lei nº 12.815/2013 foi clara em determinar de que maneira os portos poderiam ser explorados por particulares. Ela definiu os instrumentos de outorga (concessão, art. 2º, IX; arrendamento, art. 2º, XI; autorização, art. 2º, XII) e detalhou as relações jurídicas que se formam ao outorgar os serviços portuários ou o uso de áreas do porto organizado. Além disso, consta como uma de suas diretrizes gerais o "estímulo à concorrência, incentivando a participação do setor privado e assegurando o amplo acesso aos portos organizados, instalações e atividades portuárias" (art. 3º, V).

A regulamentação desses instrumentos foi feita pelo Decreto nº 8.033/2013, definindo competências do poder concedente, obrigações do concessionário (no caso da concessão), requisitos para o arrendamento e autorização, regras especiais de licitação para a concessão/arrendamento e regras da chamada ou anúncios públicos da autorização. Ao pensar em políticas de outorga, o decreto previu a elaboração do Plano Geral de Outorgas (PGO) do setor portuário, que deve ser elaborado pela SEP (art. 1º, parágrafo único, c/c art. 2º, I), nos termos das diretrizes para a elaboração e revisão estabelecidos na Portaria SEP nº 3/2014.[39]

---

[39] A Portaria SEP nº 3/2014 estabeleceu as diretrizes de quatro instrumentos de planejamento do setor portuário: (1) Plano Nacional de Logística Portuária (PNLP), "instrumento de Estado de planejamento estratégico do setor portuário nacional, que visa identificar vocações dos diversos portos, conforme o conjunto de suas respectivas áreas de influência, definindo cenário de curto [4 anos], médio [10 anos] e longo prazo [20 anos] com alternativas de intervenção na infraestrutura e nos sistemas de gestão, garantindo a eficiente alocação de recursos a partir da priorização de investimentos, evitando a superposição de esforços e considerando as disposições do CONIT" (art. 1º, I); (2) Plano Mestre: "instrumento de planejamento de Estado voltado à unidade portuária, considerando as perspectivas do planejamento estratégico do setor portuário nacional, constante do PNLP" (art. 1º, II); (3) Plano de Desenvolvimento e Zoneamento (PDZ), "instrumento de planejamento operacional da Administração Portuária, que compatibiliza as políticas de desenvolvimento urbano dos municípios, do estado e da região onde se localiza o porto, visando, no horizonte temporal, o estabelecimento de ações e de metas para a expansão racional e a otimização do uso de áreas e instalações do porto, com a aderência ao PNLP e respectivo Plano Mestre" (art. 1º, III); (4) Plano Geral de Outorgas (PGO), "instrumento de planejamento do Estado que consiste em um plano de ação para a execução das outorgas de novos portos ou terminais públicos e privados, reunindo a relação de áreas a serem destinadas à exploração portuária nas modalidades de arrendamento, concessão, autorização e delegação, com respectivos horizontes de implantação, tomando como base o planejamento do Poder Concedente, das Administrações Portuárias e da iniciativa privada" (art. 1º, IV).

O objetivo deste capítulo é destacar as principais características desses três contratos administrativos: concessão, arrendamento e autorização.[40] Em linhas gerais, as concessões de portos organizados são reguladas pelas leis nº 8.987/1995 e nº 12.815/2013 e pelo Decreto nº 8.033/2013, pelos instrumentos de planejamento do setor portuário (em especial o PGO), além das resoluções da Antaq. A exploração de áreas e instalações portuárias operacionais (arrendamentos, uso temporário e passagem) e não operacionais (arrendamento, cessão de uso não onerosa, cessão de uso onerosa e autorização de uso) integrantes da poligonal do porto organizado e sob gestão das autoridades portuárias é objeto da Resolução Antaq nº 2.240/2011. Finalmente, as outorgas de autorização para construção, exploração e ampliação de terminais de uso privado são objeto da Resolução Antaq nº 1.660/2010. Vejamos, mais detidamente, cada um desses contratos.

Concessão de portos organizados

O capítulo II do Decreto nº 8.033/2013 trata especificamente da exploração de portos organizados pelos contratos de concessão e arrendamento, disciplina que é completada pela Portaria nº 108/2010 da SEP. As disposições do decreto são específicas para esse objeto, mas o contrato de concessão é regido, em primeiro lugar, pelas normas gerais relativas à concessão de serviços públicos contidas na Lei nº 8.987/1995 (Lei Geral de Concessões) e por outras normas e princípios de direito público. É por esse regime jurídico mais amplo que iniciamos a exposição.

A concessão, como instrumento contratual de direito público, tem duas principais modalidades: a de serviço e a de uso. A concessão de

---

[40] A caracterização da "concessão" e do "arrendamento" como contratos não gera discussão, mas o mesmo não ocorre com a "autorização". Não obstante, ela será tratada aqui como contrato, o que é justificado nas páginas seguintes.

serviço seria a transferência, do poder concedente ao concessionário, de algum serviço, enquanto a de uso seria a outorga da "utilização privativa de bem público, para que a exerça conforme a sua destinação" (Di Pietro, 2014:110). Ocorre que, muitas vezes, a concessão de serviço público agrega uma concessão de uso de bem público. É o caso da concessão de um porto organizado já existente. A concessão, nesse caso, irá transferir a gestão dos serviços portuários, bem como a utilização da infraestrutura já existente. Quando ainda não existir a estrutura física, a concessão de serviço será precedida da execução de obra pública.

Um aspecto relevante a respeito da incidência da Lei nº 8.987/1995 sobre a concessão de um porto organizado está na permanente fiscalização do poder concedente (no caso dos serviços portuários, pela SEP) e na aplicação de princípios que obrigam a administração do porto a investir na adequação e modernização de áreas e instalações portuárias, equipamentos, aprimoramento de técnicas e tecnologias, conservação, melhorias e expansão, de modo a permitir que os serviços prestados sejam contínuos e remunerados de forma suficiente pela tarifa. Além disso, a concessão do porto organizado exigirá que os contratos sobre as áreas operacionais e não operacionais sejam objeto de licitação.

O contrato de concessão é firmado, necessariamente, por prazo certo, ao final do qual os bens utilizados para prestação do serviço — os chamados bens reversíveis — passam a integrar o patrimônio do poder concedente, evitando a interrupção do serviço ao término do contrato. Como se trata de contrato administrativo, é admitida a alteração unilateral por parte da administração pública, garantindo-se sempre ao concessionário a manutenção do equilíbrio econômico-financeiro do contrato.[41]

---

[41] O particular, ao fazer a proposta vencedora da licitação, comprometeu-se a cumprir as obrigações contratuais naquelas bases; a administração, por sua vez, ao escolhê-la, comprometeu-se a garantir ao particular a extração dos frutos próprios ao exercício daquela atividade por todo o prazo de vigência do contrato. É disso que se trata quando se fala em "equilíbrio econômico-financeiro". Confira-se a lição de Justen Filho (2003:387-388, grifo nosso): "Como

Todas essas regras gerais aplicam-se ao contrato de concessão de portos organizados. O Decreto nº 8.033/2013 somente especifica as regras peculiares que se aplicarão a esse serviço público, como as relativas ao prazo da concessão, ao objeto da concessão, ao órgão que realizará a licitação e firmará o contrato, bem como aos requisitos para abertura de licitação.

No tocante ao prazo, fixou-se em 25 anos a duração máxima do contrato de concessão, o qual poderá ser prorrogado uma única vez por período não superior ao originalmente contratado e a critério do poder concedente (art. 19 do Decreto nº 8.033/2013). O órgão responsável pela licitação é a Antaq e o responsável pela celebração dos contratos é a SEP. O concessionário deverá ser empresa ou entidade constituída sob as leis brasileiras, com sede e administração no país, e que atenda aos requisitos técnicos, econômicos e jurídicos estabelecidos pela Antaq (art. 29 da Lei nº 10.233/2001).

A extinção do contrato de concessão ocorre normalmente pelo término de sua vigência, mas pode ocorrer também por (art. 35, I a VI, da Lei nº 8.987/1995):

> a) *encampação*, quando houver interesse público relevante na retomada da execução direta do serviço pelo poder concedente, sendo exigidas a promulgação de lei autorizativa e a indenização ao concessionário;
> b) *caducidade*, quando ficar comprovada, em processo administrativo, a inadimplência do concessionário no tocante a obrigações assumidas no contrato;

---

regra, o contrato administrativo produz direitos e deveres para ambas as partes, em situação de correlatividade. Essa noção se encontra na origem do instituto do equilíbrio econômico-financeiro (também denominado equação econômico-financeira) do contrato administrativo. A expressão indica uma espécie de *relação entre encargos e retribuições que o contrato administrativo gera para as partes*. Significa que, em um contrato administrativo, os encargos correspondem (são iguais, equivalem) às retribuições. A expressão equilíbrio esclarece que o conjunto dos encargos é a contrapartida do conjunto das retribuições, de molde a caracterizar uma equação — sob prisma puramente formal".

c) *rescisão*, pelo concessionário, diante de descumprimento, pelo poder concedente, de obrigações que lhe caibam. Diferentemente da caducidade, porém, a rescisão somente se operará por decisão judicial;

d) *anulação*, quando for apurada ilegalidade que impeça a continuidade do contrato;

e) *falência* do concessionário.

Extinto o contrato, os bens que tiverem sido estabelecidos no edital de licitação e no contrato como reversíveis passarão a integrar o patrimônio do poder concedente.

A concessão comum, regulada pela Lei nº 8.987/1995, não é o único modo de se outorgar um porto organizado. A Lei nº 11.079/2004 regulou as chamadas parcerias público-privadas (PPPs), duas espécies de concessão com características específicas: a concessão patrocinada e a concessão administrativa. Cabe ao poder concedente analisar a conveniência e a oportunidade no caso concreto de se utilizar uma PPP para conceder o porto organizado.

A principal diferença entre a concessão comum e as PPPs é a contraprestação pública, ou seja, a remuneração do concessionário será integrada por uma contraprestação do poder concedente. Ela não é, necessariamente, pecuniária, podendo se concretizar com a concessão de créditos não tributários; outorga de direitos em face da administração pública; outorga de direitos sobre bens públicos dominicais; ou outros meios admitidos em lei (art. 6º, II a V). Isso significa que a concessão poderá melhor se adequar às contingências do porto caso seja necessário desonerar os usuários ou quando os investimentos necessários não permitirem uma cobrança de tarifas módicas.

Havendo contraprestação pública, a remuneração do concessionário não será integrada apenas pela tarifa cobrada dos usuários do porto. Nos casos em que o investimento do particular for vultoso, o poder concedente poderá pensar em uma concessão patrocinada ou administrativa para desonerar os usuários do porto, pois a tarifa não será mais a única base de amortização do investimento.

A contraprestação pública também é o principal diferenciador entre a concessão administrativa e a concessão patrocinada, como se observa na conceituação das figuras expressa na Lei nº 11.079/2004 (Lei das PPPs) da seguinte forma:

> Art. 2º. Parceria público-privada é o contrato administrativo de concessão, na modalidade patrocinada ou administrativa.
>
> § 1º. Concessão patrocinada é a concessão de serviços públicos ou de obras públicas de que trata a Lei nº 8.987, de 13 de fevereiro de 1995, quando envolver, adicionalmente à tarifa cobrada dos usuários, contraprestação pecuniária do parceiro público ao parceiro privado.
>
> § 2º. Concessão administrativa é o contrato de prestação de serviços de que a Administração Pública seja a usuária direta ou indireta, ainda que envolva execução de obra ou fornecimento e instalação de bens.

A remuneração da concessão patrocinada, portanto, é integrada por rendas tarifárias (cobrada dos usuários diretos do serviço) e por contraprestação pública (paga pelo poder concedente).[42] As concessões administrativas, do outro lado, não terão em sua remuneração a cobrança de tarifa. No caso da concessão de portos organizados, o modelo alternativo mais adequado seria a concessão patrocinada, pois a cobrança de tarifa dos usuários é possível e recomendável (para controle de demanda, favorecer a concorrência etc.). Trata-se

---

[42] Como a lei diz contraprestação pecuniária, questiona-se se a concessão patrocinada pode ter apenas contraprestação pública não pecuniária (como a outorga de direitos em face da administração). A interpretação do dispositivo gerou diversas discussões, dividindo a doutrina. Defendem a interpretação ampla, sendo possível a contraprestação não pecuniária, Freitas (2011:289), Ferreira (2006:57) e Di Pietro (2006:165). Defendem a interpretação restrita Pinto Júnior (2006:4), Niebuhr (2008:124-125), Marques Neto e Schirato (2011:125) e Sundfeld (2007:28).

de um modelo alternativo, pois sua utilização deve ser pautada na necessidade real de desonerar as tarifas. Pela potencialidade de causar impacto orçamentário para a administração pública, o processo licitatório para a contratação de PPP deve ser baseado em estudos técnicos que o justifiquem como a melhor alternativa (art. 10, I, da Lei das PPPs).

Com o objetivo de proibir contratações desnecessárias de PPPs, a lei estabeleceu algumas limitações. Quanto ao valor do contrato, ele deverá ser de, no mínimo, R$ 20 milhões; quanto ao período de prestação do serviço, ele não poderá ser inferior a cinco anos; e quanto ao objeto do contrato, ele deverá ser complexo, sendo inadmissível PPPs para (apenas) fornecimento de mão de obra, fornecimento e instalação de equipamentos ou execução de obra pública (art. 2º, § 4º, I, II e III, da Lei das PPPs).

Além dessas especificidades, o regime de divisão de riscos das PPPs difere do regime tradicional da Lei nº 8.987/1995. Nas concessões comuns, a divisão dos riscos é baseada na teoria das áleas. O concessionário suporta os riscos da álea ordinária (ou seja, os riscos normais da atividade empresária, como a gestão ou a demanda). Segundo Justen Filho (2003:400):

> Essa ideia pode ser expressa pela concepção de que a parte tem o dever de diligência de acautelar-se contra os riscos do negócio. Obviamente, esse dever refere-se aos riscos ordinários, inerentes à atividade e que se entranham com o seu desenvolvimento usual.

Já a álea extraordinária é dividida entre álea administrativa e álea econômica. A álea administrativa (em outras palavras, os riscos gerados pela atuação estatal, exemplificados pelo fato do príncipe e pelo fato da administração) é suportada pelo poder concedente. A álea econômica (riscos extraordinários que não são gerados ou controlados pelo concessionário ou pelo poder concedente), no entanto, é suportada de maneira compartilhada pelas partes.

A Lei das PPPs alterou essa divisão tradicional dos riscos. Uma das diretrizes das PPPs e uma das cláusulas essenciais do contrato, expressas nos arts. 4º, VI, e 5º, III, respectivamente, são a divisão objetiva dos riscos. De acordo com essa diretriz, os riscos deverão ser previstos, estimados e distribuídos no contrato de acordo com a capacidade do agente de minimizá-los e administrá-los, buscando-se sempre sua divisão eficiente (Guimarães, 2012:297). É a linha sugerida pelas Diretrizes para o Sucesso das PPPs (*Guidelines for Succeful Public-Private Partnerships*), da Comissão Europeia:

> *The overall aim of PPPs is therefore to structure the relationship between the parties, so that risks are borne by those best able to control the mandincreased value is achieved through the exploitation of private sector skills and competencies.*[43]

Discute-se se a Lei das PPPs realmente inovou a ordem jurídica. Em outras palavras: um contrato de concessão comum poderia ser moldado como uma PPP, prevendo, no próprio edital e no instrumento contratual, as regras específicas (contraprestação, divisão de riscos, regime das garantias etc.)?[44] Sem prejuízo dessa discussão, o regime das PPPs é uma figura cada vez mais utilizada no Brasil e no mundo.[45]

---

[43] Disponível em: <http://ec.europa.eu/regional_policy/sources/docgener/guides/ppp_en.pdf>. Acesso em: maio 2015.

[44] Para Freitas (2011:478), as PPPs, dadas as vantagens aos parceiros privados, "se revelam versões 'blindadas' de contratos administrativos bem conhecidos".

[45] Conforme aponta Azevedo (2012:135), não se pode desconsiderar a tendência mundial de associação entre as esferas pública e privada através de parcerias público-privadas. Deve-se ter em conta que o regime das PPPs é diferente conforme o tempo e o lugar, mas que mantém seus objetivos.

As breves observações sobre o regime jurídico das PPPs permite compreender que o poder concedente — no caso dos portos, a SEP — tem diversas opções para modelar o contrato, devendo buscar a solução mais eficiente no caso concreto.

Contratos para exploração de áreas e instalações portuárias

As áreas e instalações portuárias podem ser de uso público ou de uso privado. As primeiras prestam serviço público, isto é, têm obrigação de atender indistintamente quem quer que precise utilizá-las[46] e se localizam dentro da área do porto organizado. As segundas são empreendimentos privados, autorizados pelo poder público e formalizados por contrato de adesão, que não prestam serviço público.[47]

Quanto à área do porto organizado, ela também é denominada "poligonal do porto". Esse termo não é definido, embora utilizado pela Lei nº 12.815/2013, pelo Decreto nº 8.033/2013 e na Resolução nº 2.240/2011. A poligonal é descrita por meio de pontos georreferenciados, "discriminando separadamente a área pretendida em terra, a área pretendida para instalação de estrutura física sobre a água, a área pretendida para berços de atracação e a área necessária para a bacia de evolução e para o canal de acesso" (art. 27, I, "a", do Decreto

---

[46] Segundo Bandeira de Mello (2003:612, grifo nosso), "Serviço Público é toda atividade *de oferecimento de utilidade ou comodidade material destinada à satisfação da coletividade em geral,* mas fruível singularmente pelos administrados, que o Estado assume como pertinente a seus deveres e presta por si mesmo ou por quem lhe faça as vezes, num regime de Direito Público — portanto, consagrador de prerrogativas de supremacia e de restrições especiais —, instituído em favor dos interesses definidos como públicos no sistema normativo".

[47] Discute-se se o serviço dos terminais privados seria ou não serviço público. A discussão é apresentada ao longo do capítulo.

nº 8.033/2013).[48] Pela nova Lei dos Portos, a poligonal compreenderia instalações portuárias e a infraestrutura de proteção e de acesso ao porto organizado (art. 2º, II). Em outras palavras, delimita o que a lei trata por porto organizado.

Na área do porto organizado, a Resolução Antaq nº 2.240/2011, em conformidade com o que prevê o Decreto nº 8.033/2013, distingue áreas e instalações portuárias operacionais de não operacionais. São áreas e instalações portuárias operacionais "as destinadas à movimentação e à armazenagem de cargas e ao embarque e desembarque de passageiros" (art. 2º, IV). De outro lado, são não operacionais

> as áreas e instalações portuárias com comprovada inviabilidade econômica para a consecução de atividades portuárias ou que se encontrem desativadas ou ociosas pela condição inadequada de desempenho operacional irreversível, cuja destinação original venha a ser modificada para a realização de atividades culturais, sociais, recreativas, comerciais, industriais ou ainda, outras atividades ligadas à portuária [Resolução Antaq nº 2.240/2011, art. 2º, V].

A distinção quanto ao tipo de área (operacional ou não operacional) é importante, pois a partir dela delimitam-se as espécies contratuais que a terão por objeto. Sendo operacional, poderão ser firmados contratos de arrendamento (arts. 7º a 35 da Resolução Antaq nº 2.240/2011), uso temporário (arts. 36 a 47) e de passagem (arts. 48 a 55).

---

[48] "A representação gráfica das áreas deverá ser apresentada em planta de situação, em sistema de coordenadas SIRGAS 2000, em planilha eletrônica, identificando e demarcando as vias de acesso aquaviário (marítimo, fluvial ou lacustre) e terrestre (rodoviário, ferroviário e dutoviário), e outros empreendimentos situados nas adjacências do terminal — em especial outras instalações portuárias, quando houver — em escala adequada, com legendas e cotas, contendo o nome e assinatura do responsável técnico, bem como número de registro junto ao respectivo conselho regional de classe" (art. 4º, V, "a", da Resolução Antaq nº 3.290/2014).

Sobre as áreas não operacionais incidem, também regulados pela referida resolução: arrendamento (arts. 56 a 61), cessão de uso não onerosa (arts. 62 a 65), cessão de uso onerosa (arts. 66 a 69) e autorização de uso (arts. 70 a 74).

As áreas e instalações portuárias operacionais destinadas a terminais de uso público situados na área do porto organizado podem ser exploradas diretamente pelo poder público ou entregues a particulares mediante celebração de contrato de arrendamento. Por se tratar de prestação de serviço público, a exploração dos terminais portuários de uso público somente pode ser entregue após regular licitação (art. 175 da CF/1988 e art. 4º da nova Lei dos Portos).

O titular de terminal de uso privado, como se disse, não presta serviço público. Ao contrário da Lei nº 8.630/1993, que trazia uma classificação quanto a finalidade do terminal — terminal privativo exclusivo; terminal privativo misto; terminal privativo de turismo; ou estação de transbordo de cargas —, a nova Lei dos Portos acabou com tal classificação.

Essa alteração legislativa vem gerando discussões. Autores como Bercovici (2013:430) duvidam de sua constitucionalidade, pois, não havendo mais essa classificação, a lei possibilita "a exploração de serviços portuários sem licitação, em concorrência direta com os portos públicos, e sem nenhuma das garantias e exigências do regime de serviço público". Do outro lado, entendendo como adequada a modificação legislativa, Garcia e Freitas defendem que a licitação não é um fim em si mesma, não sendo adequada para uma atividade econômica que suporta uma pluralidade de agentes. Além disso, alegam que a alteração foi em "prol do atendimento de outros valores constitucionais — entre os quais, o incremento da qualidade dos serviços e a modicidade das tarifas aos usuários" (Garcia e Freitas, 2014:102), entre outros fatores, pela concorrência entre os terminais privados e os portos (públicos) organizados. Ao sintetizar os argumentos, temos que um lado acredita na necessidade de intenso controle estatal da atividade portuária (seja um porto público, seja um porto privado) e, o outro lado acredita que desregulamentação da atividade aumentaria a concorrência e elevaria a qualidade dos serviços.

Ocorreram muitos conflitos envolvendo titulares de terminais arrendados de uso público, de um lado, e titulares de terminais de uso privativo de carga, de outro. O motivo: a existência de terminais privativos[49] cujos titulares não possuíam carga própria ou não a possuíam em proporção relevante.[50] A intenção da nova Lei dos Portos ao acabar com a distinção entre carga própria e de terceiro restou clara nas razões do veto ao art. 9º, §§ 2º e 3º (Mensagem nº 222, de 5 de junho de 2013, grifo nosso), já que

> o conceito de terminal indústria incluído no projeto de lei retoma a distinção entre carga própria e de terceiros, cuja eliminação era uma das principais finalidades do novo marco legal para o setor portuário. *A retomada de restrições ao tipo de carga a ser movimentada em cada terminal portuário constitui um empecilho à ampla abertura do setor e à elevação da concorrência*, objetivos primordiais da Medida Provisória [convertida na Lei nº 12.815/2013].

A autorização para exploração a título privado será concedida se o terminal se localizar fora do porto organizado (conforme o conceito do art. 2º, XII, da Lei nº 12.815/2013), caso em que o interessado deverá ter a posse regular do terreno, no mínimo sob a forma de

---

[49] Utiliza-se, aqui, o termo "terminal privativo" em lugar de "terminal privado", pois era a nomenclatura adotada pela antiga Lei de Modernização dos Portos, período em que se discutia a possibilidade de movimentação de cargas de terceiro pelo TUP (terminal de uso privativo).

[50] Vale lembrar que a Associação Brasileira dos Terminais de Contêineres de Uso Público (Abratec) ajuizou, em abril de 2008, ação de Arguição de Descumprimento de Preceito Fundamental no STF (ADPF nº 139), na qual pretendia justamente obter a declaração de que os terminais de uso privativo somente poderiam movimentar cargas de terceiros de modo secundário ou acessório. A ação foi julgada prejudicada por perda superveniente de objeto.

ocupação.[51] A nova Lei dos Portos não tratou dos casos em que o interessado na exploração a título privado seja titular do domínio útil do terreno dentro do porto organizado, situação prevista no art. 4º, II, da Lei de Modernização dos Portos. O domínio útil pode ser obtido por meio de um contrato regular de aforamento[52] do bem público ou pela propriedade do imóvel.

À luz da nova lei, esta última hipótese, como ressalva Di Pietro (2014:149), é ainda válida, pois "se houver outros terrenos de propriedade privada dentro da área do porto organizado, a eles terá que se aplicar o instituto da autorização". Essa conclusão parte da premissa de que os contratos de arrendamento e de concessão não podem incidir sobre bens que não sejam de domínio público.

Vale notar que a Resolução Antaq nº 3.290/2014, editada para disciplinar a outorga de autorização para construção, exploração e ampliação de terminal de uso privado (TUP), estação de transbordo de carga (ETC), instalação portuária pública de pequeno porte (IP4), instalação portuária de turismo (IPT), prevê, em seu art. 3º, que po-

---

[51] A *ocupação* é forma regular de exercício da posse sobre terrenos de marinha, prevista nos arts. 127 a 132 do Decreto-Lei nº 9.760/1946. Trata-se de direito exercido em caráter precário, podendo a União imitir-se na posse do imóvel a qualquer tempo, tendo o ocupante direito apenas à indenização pelas benfeitorias, após o que deverá desocupar o imóvel em até 90 dias.

[52] O *aforamento* é o contrato pelo qual o particular passa a fazer jus à utilização ampla de bem imóvel de propriedade de ente público, de que são exemplos os terrenos de marinha. As garantias para o particular são muito maiores do que aquelas decorrentes da mera ocupação. Segundo Gasparini (2000:709), "a extinção do aforamento administrativo de terrenos de marinha só pode ocorrer nas seguintes hipóteses: 'a) inadimplemento de cláusula contratual; b) acordo entre as partes; c) quando não estiverem sendo utilizadas apropriadamente pelo fato de não serem mais, a critério do governo, necessárias a concessionários de serviços públicos; d) quando não estiverem sendo utilizadas apropriadamente por pescadores ou colônias de pescadores que se hajam obrigado a manter estabelecimento de pesca ou indústria de pesca, ou indústria correlata; e) pelo comisso, sem revigoração do aforamento', arroladas por Bandeira de Mello, que as considera hipóteses de rescisão do aforamento. Acrescentamos nós que o aforamento se extingue pelo desaparecimento do bem enfitêutico, pela renúncia ou resgate".

derá requerer à Antaq a autorização aquele que possuir a devida documentação de habilitação, entre outras o

> título de propriedade do terreno, inscrição de ocupação, certidão de aforamento ou contrato de cessão sob regime de direito real, ou outro instrumento jurídico que assegure o direito de uso e fruição da área [art. 4º, VI].

Com isso, a Antaq interpretou a norma legal de forma extensiva, entendendo que a finalidade legal é garantir a possibilidade de exploração por aquele que tenha direito de uso e fruição sobre o imóvel, independentemente do título pelo qual tenha obtido esse direito.

Passemos à análise dos contratos que regem a exploração de áreas e instalações portuárias de uso público e de uso privado.

Exploração de áreas e instalações portuárias de uso público

Sob o regime de concessão, como já se disse, os serviços prestados pelo porto organizado são de natureza pública e, portanto, sujeitos à Lei nº 8.987/1995. Sua remuneração será recebida diretamente do tomador dos serviços, a preços módicos praticados no mercado em regime de eficiência, sob fiscalização da Antaq.

A exploração de áreas portuárias de uso público se dá segundo o critério de operacionalidade, distinguindo-se áreas operacionais e não operacionais. Os tipos de contrato relativos a áreas operacionais são o arrendamento, o contrato de uso temporário e o contrato de passagem. As áreas não operacionais são objeto de arrendamento (para a execução de serviços não portuários, de caráter cultural, social, recreativo, comercial ou industrial), cessão de uso não onerosa, cessão de uso onerosa e autorização de uso. Vejamos como se apresentam esses tipos.

ÁREAS E INSTALAÇÕES OPERACIONAIS: ARRENDAMENTO, USO TEMPORÁRIO E PASSAGEM

Arrendamento

O arrendamento é o contrato que rege as relações entre o arrendante de terminal de uso público (ordinariamente, o vencedor de licitação promovida para esse fim) e o arrendatário (o ente público, quando operado diretamente, ou o concessionário, nos casos de concessão de porto organizado).

Trata-se de contrato fortemente regulado. As cláusulas obrigatórias listadas no art. 5º da Lei nº 12.815/2013 são praticamente as mesmas previstas para contratos de concessão de serviço público,[53] o que torna justificável a posição daqueles que o veem como uma verdadeira subconcessão.[54] Para Di Pietro (2014:149), a "distinção entre concessão e arrendamento diz respeito à abrangência do objeto do contrato", uma vez que a concessão abrange toda a área do porto organizado e o arrendamento apenas parte dele. Ademais, comparando os dois marcos regulatórios, Gomes (2013:189) entende que as novas regras do arrendamento o enquadraram como serviço público.

Além disso, a Antaq, no exercício da competência que lhe foi outorgada pela Lei nº 10.233/2001, editou, em outubro de 2011, a Resolução nº 2.240, destinada a consolidar por completo o assunto.

Há vários atos que devem necessariamente preceder a licitação de área para arrendamento. Em primeiro lugar, a administração do porto

---

[53] Ver Lei nº 8.987/1995, art. 23.

[54] Alguns autores defendem que esse arrendamento tratar-se-ia simplesmente de uma concessão. Outros, contudo, sustentam que é uma subconcessão imprópria de serviços públicos, uma vez que estabelece uma relação primária com o concessionário do porto organizado e uma relação secundária com o poder concedente (Garcia e Freitas, 2014:115).

deve elaborar, implantar e executar um programa de arrendamento[55] compatível com o PDZ do porto organizado, enviando-o à Antaq para incorporação ao PGO.[56]

O art. 2º, IV, do Decreto nº 8.033/2013 determina, ainda, a elaboração de estudos de viabilidade técnica, econômica e ambiental sempre que necessários. Eles serão conduzidos e aprovados pelo poder concedente e deverão seguir as diretrizes do planejamento do setor portuário (art. 6º). Além de serem exigidos só quando necessários, o art. 6º do Decreto nº 8.033/2013 permite a versão simplificada dos estudos quando não há alteração substancial da destinação da área (§ 1º, I) ou das atividades desempenhadas (§ 1º, II), ou quando o objeto e condições permitirem (§ 1º, III, ressaltando-se que esse inciso abriu as hipóteses, permitindo uma avaliação do caso concreto pelo poder concedente).

Também é relevante a exigência da Lei nº 12.815/2013 de, previamente à celebração do contrato, consultar a entidade aduaneira (art. 14, I), o respectivo poder público municipal (art. 14, II) e ser emitido o termo de referência para o licenciamento pelo órgão licenciador

---

[55] De acordo com o art. 8º da Resolução Antaq nº 2.240/2011, cabe à administração do porto "a elaboração, implantação e execução do Programa de Arrendamento, que deverá contemplar os institutos previstos nesta Norma para exploração e utilização de áreas e instalações portuárias localizadas dentro da poligonal do Porto Organizado, submetendo-o à aprovação da ANTAQ, que o incorporará ao Plano Geral de Outorgas — PGO. § 1º. O Programa de Arrendamento conterá, entre outras informações, a descrição das áreas e instalações portuárias a serem ocupadas, de acordo com as modalidades previstas nesta Norma, suas respectivas características e destinações e os cronogramas de execução, inclusive com as identificações, em planta, das áreas correspondentes. § 2º. Regulamento editado pela ANTAQ disporá sobre o conteúdo, forma e informações essenciais que deverão constar do Programa de Arrendamento do Porto Organizado".

[56] Com a edição da Resolução Antaq nº 2.240/2011 e a criação de novos institutos de exploração portuária de áreas operacionais e não operacionais, os programas de arrendamento deverão ser reformulados para contemplar os novos tipos de contrato sobre áreas operacionais (uso temporário e de passagem) e não operacionais (cessão de uso não onerosa, cessão de uso onerosa e autorização de uso).

(art. 14, III), que será, regra geral, no caso de portos marítimos, o Instituto Brasileiro do Meio Ambiente e Recursos Naturais Renováveis (Ibama), e, no caso de portos de águas interiores, o órgão licenciador estadual.

A licitação do arrendamento deverá seguir as regras presentes na nova Lei dos Portos, em seu decreto regulamentador (nº 8.033/2013), na Lei do Regime Diferenciado de Contratações (RDC) (Lei nº 12.462/2011) e no decreto que o regulamenta (nº 7.581/2011). A principal diferença trazida pelo RDC, em comparação ao regime geral das licitações da Lei nº 8.666/1993, é a inversão das fases de habilitação e julgamento.

Essa regra, entretanto, apenas reafirmou o que já se previa no art. 12, § 1º, da Resolução Antaq nº 2.240/2011, que regula o conteúdo e a forma do edital. De acordo com o referido artigo, a inversão da ordem das fases de habilitação e julgamento poderá ser prevista no edital. Ocorrendo essa hipótese, "será aberto o invólucro com os documentos de habilitação do licitante melhor classificado, para verificação do atendimento das condições fixadas no edital".

Com a inversão de fases, a prova de que o licitante é qualificado para executar o objeto do contrato, que envolve regularidade jurídica e fiscal, qualificação técnica e qualificação econômico-financeira será exigida apenas do vencedor. A vantagem em se inverter, observa Rezende (2011:27-28), é a economia de tempo e de recurso, pois "desarticula estratégias protelatórias de licitantes mal intencionados, que se valem de todos os recursos para excluir do certame, ainda na fase de habilitação, concorrentes capazes de apresentar propostas mais vantajosas".

O edital da licitação será elaborado pela Antaq (art. 6º, § 2º, da nova Lei dos Portos) e, se o edital o permitir, poderão participar consórcios, sendo que, se um consórcio vier a ser vencedor, será obrigatória sua conversão em sociedade com prazo de duração indeterminado, patrimônio próprio e objeto social específico e exclusivo para a execução do objeto do arrendamento, bem como a exibição prévia do acordo de sócios ou acionistas ou de declaração de sua inexistência, firmada pelo representante legal do consórcio [art. 12, § 3º, da Resolução Antaq nº 2.240/2011].

A modalidade da licitação poderá ser o leilão (hipótese expressa do art. 6º, § 1º, da Lei nº 12.815/2013), situação na qual será utilizado o procedimento previsto na Lei nº 8.666/1993.

Os critérios de julgamento da licitação poderão ser a maior capacidade de movimentação, a menor tarifa ou o menor tempo de movimentação de carga (art. 6º da Lei nº 12.815/2013 e art. 9º do Decreto nº 8.033/2013). Alerta Di Pietro (2014:152) que não é cabível, apesar da redação do art. 6º da Lei nº 12.815/2013,[57] permitir que outros critérios sejam estabelecidos no próprio edital, "porque isso afrontaria o princípio da legalidade e propiciaria o direcionamento da licitação, com infringência aos princípios da impessoalidade e da isonomia". Esses critérios de julgamento serão utilizados de forma isolada, combinada entre eles ou combinada com outros critérios secundários previstos no decreto regulamentador — são eles o maior valor de investimento, menor contraprestação do poder concedente e melhor proposta técnica.

Terminada a licitação, o vencedor será chamado para assinar o contrato. Como sempre ocorre em caso de contrato administrativo decorrente de licitação, suas cláusulas são previamente definidas no edital e na minuta de contrato, não se podendo modificá-las antes da assinatura. E, como já dito, muitas dessas cláusulas são obrigatórias, conforme elenco contido no art. 5º da Lei nº 12.815/2013.

---

[57] Lei nº 12.815/2013: "Art. 6º. Nas licitações dos contratos de concessão e arrendamento, serão considerados como critérios para julgamento, de forma isolada ou combinada, a maior capacidade de movimentação, a menor tarifa ou o menor tempo de movimentação de carga, e outros estabelecidos no edital, na forma do regulamento".

Uma dessas cláusulas diz respeito ao prazo inicial do arrendamento, o qual não pode ultrapassar 25 anos. Esse prazo pode ser prorrogado por, no máximo, mais 25 anos, de forma que um contrato de arrendamento pode perdurar por até 50 anos. É interessante observar que na lei antecessora o prazo do arrendamento — contada a eventual prorrogação — também poderia chegar aos 50 anos (art. 4º, § 4º, XI, da Lei nº 8.630/1993). Entretanto, o prazo inicial poderia ser superior a 25 anos.

Fazem também parte do elenco de cláusulas obrigatórias, entre outras, os seguintes aspectos: a definição do "modo, forma e condições da exploração do porto organizado" (art. 5º, II); os "critérios, indicadores, fórmulas e parâmetros definidores da qualidade da atividade prestada, assim como às metas e prazos para o alcance de determinados níveis de serviço" (art. 5º, III); os "investimentos de responsabilidade do contratado" (art. 5º, V); os "direitos e deveres dos usuários, com as obrigações correlatas do contratado e as sanções respectivas" (art. 5º, VI); a "reversão dos bens" (art. 5º, VIII); os direitos, garantias e obrigações do contratante e do contratado (art. 5º, IX); a "forma de fiscalização das instalações, dos equipamentos e dos métodos e práticas de execução as atividades, bem como à indicação dos órgãos ou entidades competentes para exercê-las" (art. 5º, X); e as "garantias para adequada execução do contrato" (art. 5º, XI).

O art. 23 da Resolução Antaq nº 2.240/2011 detalha as cláusulas que deverão constar no contrato de arrendamento, sem prejuízo de outras obrigações previstas na legislação, entre elas as relativas a: ampliação das instalações, reajuste de valores, conservação de bens, fiscalização, apoio aos agentes da administração do porto, fornecimento de informações às autoridades competentes, divulgação de preços, garantia de movimentação mínima anual, arbitragem de conflitos, adoção de medidas de preservação do meio ambiente, cumprimento da legislação aplicável ao setor, contratação de seguro de responsabilidade civil e do patrimônio arrendado, qualidade dos serviços prestados ao usuário e manutenção das condições de segurança operacional.

O arrendamento se extingue pelo fim do prazo nele previsto, podendo terminar também por caducidade (*grosso modo*, quando o arrendatário não cumprir suas obrigações contratuais), por anulação (nos casos em que houver ilegalidade que vicie o contrato), por rescisão administrativa (no exercício das prerrogativas públicas do arrendante) ou decisão judicial transitada em julgado (art. 27 da Resolução Antaq nº 2.240/2011).

As hipóteses de rescisão do contrato estão todas relacionadas à regra geral de "descumprimento ou cumprimento irregular de cláusulas contratuais, de disposições legais ou regulamentares concernentes ao arrendamento e ao regulamento de exploração do Porto" (art. 28, I, da Resolução Antaq nº 2.240/2011) e são cláusulas obrigatórias no contrato (art. 5º, XIII, da Lei nº 12.815/2013).

Vê-se, portanto, que o arrendamento é contrato que submete o arrendatário a forte disciplina por parte do setor público, havendo motivos de sobra para caracterizá-lo como verdadeira subconcessão, como frisado anteriormente.

Resta deixar anotado que o arrendamento também é contrato passível de ser assinado com eventuais concessionários privados de portos organizados que tenham obtido essa condição em consonância com as regras mencionadas no item relativo ao contrato de concessão. Nem por isso deixará de ser contrato administrativo, mas tais situações certamente demandarão maior detalhamento da regulamentação até agora produzida.

Contrato de uso temporário

O contrato de uso temporário está previsto nos arts. 36 a 47 da Resolução Antaq nº 2.240/2011. Eles se diferenciam pela forma de pactuação, que se faz por processo seletivo simplificado na hipótese de haver mais de um interessado na utilização da mesma área ou instalação portuária (art. 36, I), como veremos. As áreas operacionais destinadas ao uso temporário devem estar previstas no programa de arrendamento.

O objetivo desse tipo contratual é pactuar, como o próprio nome diz, o uso temporário e sem exclusividade de áreas e instalações portuárias do porto organizado pelo prazo de 18 meses, prorrogável uma única vez por igual período ou, excepcionalmente, por interesse público, até 60 meses (art. 38), para a movimentação de cargas não consolidadas, ou para atendimento de plataformas *offshore*, sem exclusividade, mediante o pagamento das tarifas portuárias pertinentes, inclusive aquela relativa à área disponibilizada.

O interessado deve requerer à administração do porto a celebração do contrato de uso temporário, instruindo seu pedido com, no mínimo, uma minuta de contrato (conforme o art. 46) e uma declaração expondo os motivos que justificam o interesse sobre a área e instalações portuárias, com a descrição do empreendimento. A administração do porto terá prazo de 30 dias para manifestar-se sobre o pedido, dando ciência ao Conselho de Autoridade Portuária (CAP) (art. 38, § 3º). A administração do porto poderá indeferir esse pedido ou encaminhá-lo, se aprovado, à Antaq, que terá o mesmo prazo de 30 dias para se manifestar a respeito (art. 38, § 5º). Na hipótese de indeferimento pela administração do porto, caberá recurso à Antaq, também com prazo de 30 dias para resposta (art. 37, § 2º).

No que se refere ao prazo do contrato, há uma possível contradição com a temporariedade e excepcionalidade de um processo simplificado em relação à licitação. O argumento do interesse público (art. 38, § 1º) parece burlar a exigência da licitação, ainda que o contrato não confira direito de exclusividade, seja passível de rescisão a qualquer tempo em razão do mesmo interesse público (art. 42) e da exigência de uso de equipamentos de fácil desmobilização (art. 44). Além disso, se a área não for alfandegada, o art. 45 impõe o ônus da obtenção e manutenção do alfandegamento à administração do porto; não ao interessado.

Uma leitura mais adequada do dispositivo é permitir um prazo superior do contrato somente quando o contrato prévio de prestação de serviços justifique o prazo superior e, ainda assim, não seja contrário ao interesse público. Integra ao interesse público o interesse em licitar as áreas para a exploração de acordo com a impessoalidade, com a moralidade e a eficiência. Caso o prazo superior fira manifestamente algum desses princípios ele esbarrará no interesse público. Do outro lado, se o contrato permitir o uso mais eficiente da área do porto organizado — e não existirem outros usuários em potencial — não haverá problema em viger pelo prazo de 60 meses. Respeitando o interesse público primário, a gestão do porto deve buscar o uso eficiente e rentável de sua área, não sendo interessante para ninguém sua ociosidade.

As cláusulas essenciais do contrato de uso temporário estão definidas no art. 46 da Resolução Antaq nº 2.240/2011 e dizem respeito essencialmente a: descrição das atividades e indicação do operador portuário, prazo de vigência do contrato e possibilidade de rescisão unilateral, remuneração da administração do porto, penalidades, arbitragem de conflitos, transferência ao patrimônio do porto de eventuais bens não removíveis, obrigações da administração do porto e do contratado. Entre as obrigações do contratado encontram-se a responsabilidade por danos ambientais, a segurança operacional, a prestação de informações às autoridades competentes, a contratação de seguro de responsabilidade civil, a programação para atracação das embarcações, a utilização de áreas e instalações e a utilização de equipamentos e instalações móveis e removíveis.

É um contrato intransferível, salvo em caso de "alteração do controle societário, transformação societária decorrente de cisão, fusão e incorporação ou formação de consórcio de empresas", desde que previamente aprovada pela administração do porto e autorizada expressamente pela Antaq (art. 20, § 2º).

Na verdade, o contrato de uso temporário é uma concessão de uso de bem público especialmente regulada pelas regras específicas da Resolução Antaq nº 2.240/2011. Como não há lei específica sobre esse tipo de contrato, aplicam-se, no que couber, as regras da Lei Geral de Concessões. Além disso, sua finalidade, como entende Marques Neto (2013:352), deve ser um fim de interesse coletivo ou um fim remuneratório, ou seja, ele cumpre uma função de disponibilização de certa utilidade à coletividade que utiliza o porto ou cumpre a função de remunerar o uso da área do porto organizado.

Contrato de passagem

O contrato de passagem é previsto nos arts. 48 a 55 da Resolução Antaq nº 2.240/2011 e responde a uma dupla demanda dos portos: por regularização e por viabilização do acesso ao cais público por terceiros que, dentro ou fora da área do porto organizado, desejem passagem de seus dutos, esteiras transportadoras ou passarelas de movimentação de cargas e passageiros sobre área de uso comum ou sobre área já ocupada por terceiros dentro da área do porto organizado, desde que não inviabilize "o uso de áreas contíguas para outras finalidades de interesse para o desenvolvimento das atividades portuárias" (art. 49, § 1º).

O terceiro arrendatário do porto organizado, ou seja, o titular do direito de uso da área, deverá participar do contrato de passagem como interveniente (art. 50), mas a resolução não deixa claro se poderá se opor à passagem sobre sua área nem como formalizará tal oposição, especialmente quando a passagem afetar seu arrendamento. No entanto, caso haja conflito entre o interessado, a administração do porto e o arrendatário, esse conflito será arbitrado pela Antaq (art. 50, § 2º).

Os três únicos critérios mencionados na resolução são a racionalidade, a disponibilidade do trajeto, de modo a não agravar o ônus para a administração do porto e para terceiros (art. 49, *caput*), e a não inviabilização de áreas contíguas (art. 49, § 1º).

O interessado deverá requerer a passagem seguindo o mesmo procedimento previsto para o contrato de uso temporário. A administração do porto e, depois, a Antaq terão 30 dias para se manifestar (art. 51, § 1º). O prazo do contrato será limitado a 25 anos, prorrogável por igual período uma única vez.

As cláusulas essenciais do contrato de passagem estão definidas no art. 54 da Resolução Antaq nº 2.240/2011 e dizem respeito essencialmente ao objeto, ao prazo e às possibilidades de rescisão do contrato, aos valores envolvidos (indenização, condições de pagamento e tarifas), às penalidades, à arbitragem de conflitos, à prioridade de atracação, bem como às obrigações da administração do porto e do beneficiário. Entre estas últimas encontram-se as relativas à responsabilidade por danos ambientais, às condições de segurança operacional, à prestação de informações às autoridades competentes, à contratação de seguro de responsabilidade civil e à utilização adequada de áreas e instalações.

ÁREAS E INSTALAÇÕES NÃO OPERACIONAIS: ARRENDAMENTO, CESSÃO DE USO ONEROSA, CESSÃO DE USO NÃO ONEROSA E AUTORIZAÇÃO DE USO

Além de áreas de instalações operacionais, há, nos portos, áreas economicamente inviáveis para a realização de atividades operacionais de movimentação e armazenagem de cargas, de embarque e desembarque de passageiros. A inviabilidade deriva de uma condição inadequada de desempenho operacional que resulta na ociosidade ou mesmo na desativação da área. Por exemplo, áreas portuárias que acabaram sendo absorvidas pelo entorno urbano, tornando a movimentação de carga economicamente inviável, senão impossível na prática.

Em alguns portos, como nos municípios do Rio de Janeiro, de Santos, de Manaus, de Recife e de Belém, apenas para citar alguns exemplos, há áreas e instalações históricas que precisam ser preservadas e mesmo revitalizadas. Por essa razão, a destinação original pode ser modificada para atender a atividades culturais, sociais, recreativas, comerciais, industriais ou, ainda, outras atividades ligadas à portuária.[58]

Os instrumentos jurídicos para tais finalidades passaram a ser regulados pela Resolução Antaq nº 2.240/2011 (arts. 56 a 74), e serão sempre precedidos de licitação. As áreas não operacionais devem ser destacadas no PDZ e no Programa de Arrendamento do Porto Organizado, aplicando-se ao arrendamento dessas áreas as mesmas disposições incidentes sobre arrendamento de áreas e instalações portuárias operacionais, naquilo que couber.

A administração do porto, ao celebrar um contrato de arrendamento de áreas e instalações portuárias não operacionais, deverá comunicar o fato à Antaq, no prazo de até 30 dias contados de sua assinatura, mediante o encaminhamento de cópia de instrumento contratual.

No que se refere a áreas e instalações portuárias sujeitas a revitalização, elas devem ser aprovadas pela Antaq, ouvida a SEP (art. 60). A Resolução Antaq nº 2.240/2011 permite seu arrendamento, mas exige a elaboração e a implementação de um plano de arrendamento pela autoridade, novamente conforme previsto no PDZ e no Programa de Arrendamento (art. 59). Nesse ponto, a resolução pretende resolver um problema grave em relação a alguns processos de revitalização portuária, qual seja, se ela deveria fazer parte do edital ou do convênio de delegação. Resolveu-se essa questão impondo a obrigação como parte do edital do arrendamento e, numa interpretação mais extensiva e possível, da delegação.

---

[58] Podem-se citar como exemplos de revitalização de áreas portuárias históricas o Puerto Madero (Buenos Aires) e o Porto Maravilha (Rio de Janeiro).

Cessão de uso não onerosa

A cessão de uso não onerosa, referida na Resolução Antaq nº 2.240/2011 nos arts. 62 a 65, é o instrumento contratual para a cessão gratuita, sem necessidade de licitação, de áreas e instalações portuárias a entidades da administração pública e seus órgãos, a fim de que se instalem dentro do porto organizado, facilitando o exercício de suas competências vinculadas às atividades portuárias. É o caso da Receita Federal do Brasil (RFB), dos Correios, da Agência Nacional de Vigilância Sanitária (Anvisa) e do Serviço de Inspeção Federal (SIF). As áreas sujeitas a cessão de uso não onerosa devem estar discriminadas no PDZ e no Programa de Arrendamento do Porto Organizado (art. 63, § 3º).

Apesar de o Órgão Gestor de Mão de Obra (Ogmo) não ser parte da administração pública, ele poderá celebrar cessão de uso não onerosa de forma excepcional, a critério da administração do porto, dada a natureza do seu objeto social e seu vínculo com a atividade desempenhada (parágrafo único do art. 62 da Resolução Antaq nº 2.240/2011).

O contrato de cessão não onerosa deverá conter: descrição do objeto, prazo de vigência, possibilidade e condições para prorrogação, delimitação da área, descrição das instalações, obrigações das partes, penalidades e as hipóteses de extinção do contrato (art. 63, *caput*). Além dessas exigências, a cessionária deverá (art. 63 da Resolução Antaq nº 2.240/2011):

- fixar e manter em local visível placa alusiva à entidade [§ 1º, "a"];
- adotar medidas necessárias e ações adequadas para evitar, fazer cessar, mitigar ou compensar a geração de danos ao meio ambiente causados em decorrência do desenvolvimento de suas atividades, observada a legislação aplicável e as recomendações para o setor [§ 1º, "b"];
- atender à intimação para regularizar a utilização da área [§ 1º, "c"];

- cumprir, no que couber, o regulamento de exploração do porto [§ 1º, "d'].

A resolução em tela não fixa prazo limite para a vigência do contrato de cessão não onerosa, em razão do interesse público que envolve a atividade da administração pública, exceção feita expressamente ao Ogmo. Isso não quer dizer que a cessão não onerosa seja perpétua, pois, a critério da administração do porto, o contrato poderá ser rescindido caso seja dada destinação diversa à área objeto do contrato (art. 63, § 3º).

A forma de celebração desse contrato segue a mesma sistemática dos demais previstos na Resolução Antaq nº 2.240/2011 (art. 64): (1) submissão de requerimento à administração do porto; (2) manifestação da administração do porto no prazo de 30 dias; (3) recurso à Antaq na hipótese de indeferimento, com prazo de 30 dias para que esta se manifeste; (4) comunicação à Antaq da celebração do contrato no prazo de 30 dias a contar da assinatura.

Assim como ocorre nos arrendamentos onerosos, os investimentos vinculados ao contrato de cessão de uso não onerosa "deverão correr exclusivamente às expensas da cessionária, com anuência prévia da Administração do Porto, sem direito a qualquer indenização" (art. 65 da Resolução Antaq nº 2.240/2011). As condições originais das áreas e instalação deverão igualmente ser preservadas.

Cessão de uso onerosa

A cessão de uso onerosa, referida nos arts. 66 a 69 da Resolução Antaq nº 2.240/2011, por outro lado, deve ser celebrada por licitação e recai sobre áreas portuárias localizadas dentro do porto organizado "para a execução de empreendimento de cunho econômico, que tenha por finalidade apoiar e prestar serviços de interesse aos agentes e usuários que atuam no Porto" (art. 66).

Entre os exemplos recorrentes nos portos estão restaurantes, lanchonetes, agências de turismo, joalherias, desde que de porte adequado ao estritamente necessário à consecução do objetivo proposto (art. 66, § 1º, da Resolução Antaq nº 2.240/2011) e sem prejuízo para as atividades operacionais desenvolvidas na área do porto organizado (art. 67, § 3º). As áreas sujeitas a cessão de uso onerosa devem estar discriminadas no PDZ e no Programa de Arrendamento do Porto Organizado (art. 67, § 2º).

A forma de contratação, as exigências contratuais, a possibilidade de rescisão por desvio de objeto, a sistemática de proposta à administração do porto e de recurso à Antaq, bem como a não indenização sobre investimentos vinculados ao contrato de cessão de uso onerosa são os mesmos exigidos para a cessão de uso não onerosa, razão pela qual reportamo-nos àquele tipo para evitar desnecessária repetição.

Autorização de uso

Finalmente, a autorização de uso, referida na Resolução Antaq nº 2.240/2011, nos arts. 70 a 74, atende a critérios de conveniência e oportunidade da administração do porto, no sentido de que seja autorizada a utilização de áreas localizadas dentro da poligonal do porto organizado, "a título precário e oneroso" para a "realização de eventos de curta duração, de natureza recreativa, esportiva, cultural, religiosa ou educacional" (art. 70, *caput*).

A licitação por processo simplificado será exigida apenas se mais de um interessado solicitar a contratação da mesma área ao mesmo tempo, permitindo-se, com certo grau de subjetividade, que a administração do porto opte por aquela que melhor atender ao interesse público e do porto (art. 71 da Resolução Antaq nº 2.240/2011). O prazo de vigência desse tipo de contrato não poderá exceder 90 dias (art. 70, parágrafo único).

A forma de contratação, as exigências contratuais, a possibilidade de rescisão por desvio de objeto, a sistemática de proposta à administração do porto e de recurso à Antaq, bem como a não indenização sobre investimentos vinculados ao contrato de autorização de uso são os mesmos exigidos para a cessão de uso onerosa e não onerosa.

Autorização para operação de terminal de uso privado

A exploração de terminal de uso privado (TUP) somente é possível por meio da autorização pelo poder público. Essa autorização, porém, é peculiar no ordenamento jurídico, seja por sua complexidade, seja porque, por expressa determinação legal, tem natureza de contrato.

O art. 8º, § 1º, da Lei nº 12.815/2013, com efeito, dispõe que a autorização deve ser formalizada por meio de contrato de adesão, que deverá conter praticamente todas as cláusulas exigidas no contrato de arrendamento, excluídas aquelas que são impróprias para uma atividade que não configura prestação de serviço público (o contrato de adesão não conterá, por exemplo, cláusula a respeito das tarifas praticadas, de seu reajuste ou da reversibilidade de bens). O que é obrigatório, porém, já é o bastante para fazer dessa autorização um instrumento muito mais complexo do que os atos administrativos que têm o mesmo nome.[59]

O prazo da autorização é fixado pela Lei nº 12.815/2013 em 25 anos, podendo ser sucessivamente prorrogado por iguais períodos, desde que "a atividade portuária seja mantida e o autorizatário promova os investimentos necessários para a expansão e modernização

---

[59] Ordinariamente, a autorização é ato muito mais simples, como se depreende da definição de Meirelles (1997:171): "Autorização é o ato discricionário e precário pelo qual o Poder Público torna possível ao pretendente a realização de certa atividade, serviço ou utilização de determinados bens particulares ou públicos, de seu exclusivo ou predominante interesse, que a lei condiciona à aquiescência prévia da Administração, tais como o uso especial de bem público, o porte de arma, o trânsito por determinados locais etc. Na autorização, embora o pretendente satisfaça as exigências administrativas, o Poder Público decide discricionariamente sobre a conveniência ou não do atendimento da pretensão do interessado ou da cessação do ato autorizado, diversamente do que ocorre com a licença e a admissão, em que, satisfeitas as prescrições legais, fica a Administração obrigada a licenciar ou a admitir".

das instalações portuárias, na forma do regulamento" (art. 8º, § 2º, I e II). Isso, porque aquele que opera um terminal privado tem o domínio sobre a área explorada, sendo inviável a abertura da competição (através de procedimento licitatório) para a substituição do autorizatário. Para Garcia e Freitas (2014:118), a autorização é caracterizada pela sua constante adaptabilidade e pelo seu vínculo permanente, por se tratar de decisão vinculada (estando dentro das exigências legais, o particular tem o direito a ela) e poder se adaptar às mudanças regulatórias, mesmo não havendo direito adquirido com relação às condições iniciais (art. 47 da Lei nº 10.233/2001).

O interessado em obter uma autorização para explorar instalações portuárias fora do porto organizado deverá requerer à Antaq (art. 90 da Lei nº 12.815/2013), apresentando, entre outros, os seguintes documentos (Decreto nº 8.033/2013): (1) memorial descritivo das instalações, com a descrição da poligonal do terminal, descrição dos principais equipamentos, cronograma, valor global dos investimentos etc. (art. 27, I); (2) "título de propriedade, inscrição de ocupação, certidão de aforamento ou contrato de cessão sob regime de direito real, ou outro instrumento jurídico que assegure o direito de uso e fruição da área" (art. 27, II).

É importante destacar que, com a nova Lei dos Portos, não há mais distinção entre carga própria e carga de terceiros, para fins de um TUP. Na Lei nº 8.630/1993, os terminais privativos poderiam ser exclusivos ou de uso misto. O primeiro estava habilitado a movimentar apenas cargas próprias, enquanto o segundo poderia movimentar, também, cargas de terceiros. Em ambos os casos exigia-se a existência de carga própria que justificasse a instalação do terminal.

Ao receber o requerimento, a Antaq publicará, em cinco dias, a íntegra dos documentos em seu sítio eletrônico (art. 27, parágrafo único, I, do Decreto nº 8.033/2013) e promoverá, em até 10 dias, a abertura do processo de anúncio público, para identificar a existência de outros interessados em autorização de instalação portuária na mesma região e com características semelhantes. Os parâmetros são elencados no art. 29 do decreto:

> I - a região geográfica na qual será implantada a instalação portuária;
> II - o perfil das cargas a serem movimentadas;[60] e
> III - a estimativa do volume de cargas ou de passageiros a ser movimentado nas instalações portuárias.

Os outros interessados em obter a autorização deverão entrar no processo de anúncio público, apresentando os mesmos documentos exigidos no requerimento à Antaq (art. 29, § 3º, do Decreto nº 8.033/2013).

O anúncio público se encerra em 30 dias. Terminando sem nenhum outro interessado, será expedida a autorização diretamente àquele que entregou o requerimento à Antaq (art. 31, I, do Decreto nº 8.033/2013). Se houver mais interessados, mas não houver conflito locacional entre todas as instalações portuárias, a todos será expedida a autorização (art. 31, II, do mesmo decreto). Existindo conflito locacional entre as propostas, a Antaq definirá os critérios de julgamento do processo seletivo e abrirá prazo de 30 dias para os interessados reformularem suas propostas. Eliminando o conflito locacional com a reformulação das propostas, elas serão encaminhadas ao poder concedente que, caso as aprove, expedirá as autorizações. Restando impedimentos, a Antaq abrirá o processo seletivo, escolhendo a melhor proposta de acordo com os critérios de julgamento.

Outro procedimento para a expedição de autorização é a chamada pública. Difere do anúncio público, pois quem dá início ao procedimento é o poder concedente, quando deseja descobrir a existência de interessados em operar instalações fora do porto

---

[60] O perfil das cargas, segundo o decreto, pode ser: granel sólido, granel líquido e gasoso, carga geral ou carga conteinerizada.

organizado. As outras fases do procedimento seguem as mesmas regras do anúncio.

Di Pietro (2014:153) alerta que o anúncio e o chamamento públicos não têm "natureza de processos licitatórios", uma vez que a outorga da autorização apenas pode ser dada ao proprietário ou ao detentor do direito real de uso da área abrangida pelo memorial descritivo.

Apesar de se tratar de um terminal privado, o autorizatário se submete ao rol de condições mínimas exigidas para a execução dos serviços portuários, relativas a sua regularidade, continuidade, eficiência, segurança, atualidade, generalidade, modicidade, higiene e limpeza, livre acesso às empresas prestadoras de serviços à área portuária e abstenção de práticas lesivas à livre concorrência (art. 3º, I a X, da Resolução Antaq nº 3.274/2014). O autorizatário possui, ainda, outras obrigações (ver Resolução Antaq nº 3.290/2014, arts. 23 e seguintes), como o dever de encaminhar anualmente à Antaq relatórios de acompanhamento operacional, contendo informações sobre a infra e superestrutura disponibilizada em seu terminal, a fim de comprovar a expansão e modernização de suas instalações, e realizar comunicação prévia à Antaq de investimentos, não previstos no contrato de adesão, que gerem aumento de sua capacidade.

Resta abordar, ainda com relação ao terminal de uso privado, tema que lhe diz respeito especificamente e que tem suscitado polêmica: a mão de obra a ser contratada para trabalhar nesses terminais.

CONTRATAÇÃO DE TRABALHADORES POR TERMINAIS DE USO PRIVADO

Havia uma discussão, na vigência da Lei nº 8.630/1993, sobre a existência ou não de obrigatoriedade, para os terminais de uso privativo, de contratar trabalhadores com a intervenção do Ogmo. O conflito tinha base na interpretação de dois de seus artigos e respectivos parágrafos.

Os titulares de terminais privativos contratavam regularmente mão de obra própria e firmavam contratos por tempo indeterminado, o que vinha sendo confirmado tanto pelo Tribunal Superior do Trabalho (TST)[61] quanto pelo Superior Tribunal de Justiça (STJ).[62] Ocorre que a Antaq, em reunião de diretoria realizada em 14 de fevereiro de 2008, ao arbitrar conflito surgido no porto de Itajaí (SC) entre a empresa Portonave, titular de terminal de uso privativo, e o Ogmo, entendeu que a empresa estaria obrigada a contratar trabalhadores com a interveniência deste último.

Segundo a notícia veiculada pela própria Antaq no portal *Navegando a Notícia* em 26 de fevereiro de 2008, os diretores, reunidos no dia 14 daquele mês, entenderam que

> embora as instalações terrestres do terminal de uso privativo misto venham a localizar-se, no futuro, fora da área do porto organizado de Itajaí (SC), "as operações portuárias de transbordo de mercadoria do navio se processarão na infraestrutura aquaviária mantida pelo referido porto público, a qual integra a sua área de porto organizado".

Considerou-se, portanto, essencial à caracterização da obrigação a área onde ocorre a operação portuária.

Os dispositivos legais realmente davam ensejo a interpretações distintas. Prova disso é que algumas das decisões do TST, como as já referidas, reformaram acórdãos das instâncias inferiores.

A questão ainda não foi resolvida, mas a Lei nº 12.815/2013 modificou a redação dos dispositivos que servem de base para a discussão, e hoje a corrente mais forte é a da não obrigatoriedade (Ramunno, 2013:473).[63]

---

[61] Recurso Ordinário em Ação Declaratória nº 465.799/1998.1; Agravo de Instrumento em Recurso de Revista nº 4/2002-008-17-00.6; Recurso de Revista nº 521/2006-014-08-00; Recurso Ordinário em Dissídio Coletivo nº 549.931/99.2.

[62] STJ. Recurso Especial nº 539.624-RS, de relatoria do ministro José Delgado.

[63] Sobre discussões decorrentes da nova Lei dos Portos, cite-se o acórdão da Terceira Turma do TRT da 8ª Região, RO 0001277-26.2013.5.08.0203, com a seguinte ementa: "NOVA LEI

A obrigatoriedade pode ser defendida de forma ampla ou restrita. Há aqueles que defendem que todas as instalações portuárias, de uso público ou privado, dentro ou fora do porto organizado, estariam obrigadas a contratar trabalhadores registrados no Ogmo. Argumentam que o art. 40 da Lei nº 12.815/2013 garante essa exclusividade, ao menos para as categorias elencadas no § 2º (estiva, conferência de carga, conserto de carga e vigilância de embarcações). Isso, porque o parágrafo referido faz menção a "contratação de trabalhadores portuários [...] com vínculo empregatício a prazo indeterminado", sem qualquer outra distinção, sendo que cabe ao Ogmo a exclusividade no cadastro dos trabalhadores portuários. Daí que, se os terminais de uso privado necessitarem desses profissionais, não podem deixar de recorrer ao Ogmo para contratá-los.

De forma mais restrita, há quem defenda que a obrigatoriedade somente existe para operações realizadas na área do porto organizado. Embora não se conheça ainda o teor integral da decisão tomada pela diretoria da Antaq, parece ser essa sua posição, que encontra fundamento no *caput* do já citado art. 40.

Segundo essa posição, não haveria um regime uniforme para os terminais de uso privado. Os TUPs localizados dentro da área do porto organizado e os que, mesmo fora dessa área, realizassem operações em seu perímetro, estariam obrigados a contratar trabalhadores com a interveniência do Ogmo. Somente estariam dispensados dessa obrigação os TUPs localizados fora da poligonal do porto organizado e, ainda assim, somente para operações que ocorressem por completo fora dessa área.

DOS PORTOS — LEI Nº 12.815/2013. TERMINAL PORTUÁRIO DE USO PRIVADO. CONTRATAÇÃO DE MÃO DE OBRA. A Lei nº 12.815/2013 dispensa a intermediação do órgão gestor de mão de obra para o recrutamento de trabalhadores portuários avulsos pelos terminais portuários privativos, o que era essencial na vigência da Lei nº 8.630/93".

Em defesa da não obrigatoriedade argumenta-se que os TUPs, ainda que dentro da área do porto organizado, não o compõem, constituindo-se verdadeiros "portos privados", e que o art. 44 da lei teria deixado clara a não sujeição desses terminais ao regime de contratação por meio do Ogmo, pois se referiu a "trabalhadores" e não, como o art. 40, a "trabalhadores portuários" (categoria cujo cadastro é exclusivo do Ogmo). Além disso, o TUP é o que mais se aproxima do regime de empresa privada, exercendo a liberdade de preços dos serviços, em um ambiente de competição.

Tais argumentos, fundados exclusivamente no texto legal, são complementados por outros. Do lado dos que defendem a obrigatoriedade, invoca-se que o legislador teria cuidado para manter a intermediação obrigatória dos sindicatos na contratação de trabalhadores portuários, o que, em certo sentido, os protegia das intempéries do mercado de trabalho. Do outro lado, recorre-se ao espírito da Lei nº 12.815/2013, afirmando que um de seus objetivos foi justamente estimular a exploração privada de instalações portuárias segundo regras de mercado, aumentando a competitividade e, por conseguinte, a eficiência das operações, o que seria incompatível com a manutenção da exclusividade de contratação para as instalações de uso privado, devendo o art. 44 da lei ser interpretado à luz desses parâmetros.

COMPARAÇÃO ENTRE O REGIME JURÍDICO DE EXPLORAÇÃO DOS PORTOS ORGANIZADOS E DOS TUPS

A comparação entre os regimes jurídicos da exploração dos portos organizados e dos TUPs é de grande interesse. Com a possibilidade de os TUPs movimentarem cargas de terceiros (sem a necessidade de movimentar carga própria), seus serviços ficaram equiparados aos do porto organizado. Apesar dessa equiparação com relação ao tipo de carga movimentada, é notável a diferença de regime jurídico a que cada espécie é submetida, o que será analisado a seguir.

Uma diferença inicial é a área em que serão localizadas as instalações portuárias. Nos portos organizados elas deverão estar dentro da poligonal do porto, enquanto nos TUPs se localizarão fora de qualquer poligonal (com exceção dos TUPs já instalados dentro do porto organizado e dos pedidos de autorização protocolados na Antaq até dezembro de 2012, que ainda podem ser autorizados).

O instrumento jurídico para a implantação também difere. O arrendamento de áreas do porto organizado para a instalação portuária deverá ser precedido de licitação (utilizando-se o RDC e, de forma complementar, a Lei nº 8.666/1993), enquanto a autorização de TUP deverá ser precedida de anúncio ou chamada pública. Quanto a esse procedimento, cabe ressaltar que na autorização é possível a iniciativa privada impor a abertura do anúncio, não havendo previsão legal de participação da iniciativa privada na abertura da licitação para o contrato de arrendamento.

A exploração de área do porto organizado se faz por contrato de arrendamento, enquanto a autorização de TUP é formalizada por contrato de adesão. Ambos os contratos são firmados por prazos de até 25 anos, diferenciando-se pela única renovação possível no contrato de arrendamento e a possibilidade de renovações sucessivas do contrato de adesão (autorização).

Discute-se a existência de um desequilíbrio concorrencial nos regimes jurídicos incidentes sobre o porto organizado e os TUPs. A questão que se coloca é que, se o regime for mais favorável a uma das espécies, a iniciativa privada terá maiores incentivos em investir naquela que lhe fornece melhores condições. Além disso, essas melhores condições poderão afetar a concorrência entre os portos organizados e os TUPs.

O primeiro ponto de destaque é o prazo do contrato. Enquanto um arrendamento confere o direito à exploração da instalação portuária por, no máximo, 50 anos, a autorização poderá ser continuamente renovada, não havendo prazo máximo do contrato. E mais, a renovação do arrendamento está sujeita à decisão da autoridade pública (análise de conveniência e oportunidade da renovação), enquanto na autorização a renovação exige apenas a manutenção de investimentos necessários (análise objetiva do desempenho do particular).

Nos TUPs não existe controle de preços praticados, valendo para eles as regras de mercado (com exceção dos casos em que o processo seletivo impõe o valor da tarifa). Diferentemente, nas instalações portuárias arrendadas haverá uma definição prévia dos preços, o que será feito no momento da licitação (pelo critério de julgamento de menor tarifa ofertada ou mesmo pelo de maior capacidade de movimentação ou de menor tempo de movimentação de carga, pois esses critérios levam em consideração o estabelecimento da tarifa).

O conteúdo dos contratos também é um ponto importante. Nos contratos de arrendamento, os bens essenciais para a atividade desenvolvida pela instalação portuária serão denominados reversíveis. Ao término do contrato, eles passarão a incorporar o patrimônio do poder concedente, que poderá explorar a instalação diretamente ou repassá-la a outros particulares por um novo contrato de arrendamento. Na autorização não existem bens reversíveis, o que significa afirmar que os bens não serão automaticamente transferidos ao domínio público ao término do contrato.

Essa diferença impacta, também, a forma de amortização dos investimentos que, no caso dos contratos de arrendamento, deverão amortizar todos os bens reversíveis até o término do prazo contratual.

Outra questão é o planejamento em longo prazo das instalações portuárias. O desenvolvimento tecnológico, as relações comerciais bilaterais, as variações socioeconômicas das nações, entre outros fatores, podem influir e alterar em muito as realidades portuárias. Uma operação portuária altamente necessária e viável num momento pode ser dispensável na etapa seguinte. Um exemplo de tal situação é a que ocorreu nas operações de embarque de açúcar no porto de Santos. Os embarques podem se dar em contêiner, a granel ou em sacos, sendo que cada um deles demanda uma infraestrutura específica. Com o crescimento do embarque em contêiner e a redução do embarque em sacos, alguns terminais foram desativados, a despeito de investimentos recentes ainda não amortizados.

Isso demonstra a importância da capacidade de adaptar os terminais às atuais demandas. Portanto, deve-se permitir à iniciativa privada flexibilidade suficiente para readequar seu mercado e suas instalações de modo efetivo e célere.

Comparativamente, a autorização é mais flexível do que o contrato de arrendamento. Por conta da licitação, recai sobre este último modelo um maior controle do arrendante e de outros órgãos, como o Tribunal de Contas. Dessa forma, é necessário estar atento ao ganho de competitividade dos TUPs face aos portos organizados em função de sua maior adaptabilidade ao mercado.

Por fim, cita-se a questão da infraestrutura e dos serviços condominiais, que devem estar sempre disponíveis e adequados às demandas, visto que deles depende toda a atividade portuária. É impossível pensar em porto eficiente e competitivo se o mesmo e seus terminais não contarem com canais, bacias de evolução e pontos de atracação com profundidades e proteções adequadas para as embarcações que precisem nele operar. Consequentemente, as dragagens de manutenção e de aprofundamento são elementos fundamentais para qualquer instalação portuária. Além disso, os acessos terrestres (rodoviários ou ferroviários) e a segurança são outros pontos de atenção para a garantia de competitividade do porto e de seus terminais. Em decorrência, a infraestrutura mínima à atividade portuária é fator crucial à decisão da iniciativa privada de investir em instalações dentro ou fora da poligonal do porto organizado.

Nos portos organizados, os arrendatários pagam à administração do porto pela disponibilização dos serviços essenciais à atividade (dragagem de manutenção, acessos terrestres, segurança, controles de tráfego aquaviário, controles gerais das movimentações etc.). Esse aspecto integra-se ao equilíbrio do contrato: enquanto o arrendatário se responsabiliza pelos investimentos e pela execução dos serviços portuários, o arrendante se responsabiliza pela infraestrutura condominial do porto.

Nos portos organizados, os problemas com os serviços básicos acontecem, principalmente, em duas situações: na elaboração do instrumento contratual e no descumprimento das obrigações pelo arrendante.

Observa-se nos contratos de arrendamento já divulgados pelo governo federal que a responsabilidade do arrendante vem sendo flexibilizada. Exemplo é um contrato de arrendamento de um terminal que exige, de um lado, investimentos do arrendatário para operações de navios com 11,5 metros de profundidade no berço de atracação, mas, de outro lado, impõe que o reequilíbrio contratual só poderá ser invocado caso o arrendante não mantenha a dragagem para o mínimo de 9,5 metros. Ou seja, a variação do berço de atracação entre os 11,5 e os 9,5 metros é de responsabilidade do empreendedor privado.

Mesmo quando o contrato de arrendamento prevê, de forma equilibrada, a responsabilidade do arrendante, não se exclui a possibilidade de descumprimento contratual. Pode-se observar essa hipótese em diversos portos brasileiros, nos quais não se mantêm dragagens adequadas, levando muitas vezes ao inevitável: os arrendatários acabam contratando diretamente empresas de dragagem sem poder cobrar os valores investidos dos portos organizados.

Situação bem diferente ocorre nos TUPs. Nessas instalações, são os autorizatários que se responsabilizam por toda infraestrutura básica à execução da atividade portuária. Assim, as instalações portuárias fora da poligonal do porto não precisam pagar taxas portuárias à administração do porto, devendo realizar todos os investimentos necessários à atividade portuária.

Depreende-se dessa análise o desequilíbrio marcante entre os regimes jurídicos dos contratos de arrendamento de porto organizado e os contratos de adesão dos TUPs. Se existe um regime que permite a exploração do terminal de forma mais eficiente, este irá atrair mais investimentos, uma vez que são mais atraentes à iniciativa privada. Além da capacidade de atrair investimentos privados, a assimetria de regimes jurídicos pode ser ressaltada quando o porto organizado está localizado próximo a um TUP — como é o caso do porto de Itaguaí e do terminal privado de Navegantes (Portonave). A proximidade geográfica permite uma competição mais intensa entre os diferentes terminais, e o nível dos serviços prestados ganha relevância. Podendo o agente econômico optar pelo terminal, será escolhido o economicamente mais vantajoso, em termos de localização, acesso, eficiência do serviço, valor cobrado, segurança etc.

Pode-se constatar, em uma primeira análise, uma possível desvantagem concorrencial para os arrendatários de portos organizados com relação aos TUPs. Em se constatando isso, ajustes deverão ser necessários para o desenvolvimento adequado do setor portuário no Brasil.

Capítulo 5

Sustentabilidade ambiental e saúde em atividades portuárias

AUGUSTO CESAR

CAMILO DIAS SEABRA PEREIRA

EDUARDO MARIO DIAS

MARIA LÍDIA REBELLO PINHO DIAS SCOTON

RODRIGO BRASIL CHOUERI

SAMUEL GOIHMAN

Este capítulo tem como objetivo dar uma visão geral sobre os processos de licenciamento ambiental de portos organizados e empreendimentos portuários, trazendo uma recopilação dos dispositivos legais e técnico-científicos capazes de avaliar, controlar e monitorar os impactos causados por essas atividades, visando auxiliar nos processos de licenciamento ambiental.

A instalação e a operação de portos são classificadas como atividades de alto potencial poluidor, pois oferecem grande risco para a qualidade dos ecossistemas e recursos ambientais (Código 18 do anexo VIII da Lei nº 6.938/1981). Nesse sentido, o licenciamento ambiental garante que o empreendedor desenvolva suas atividades em conformidade com a legislação ambiental, em observância à qualidade ambiental e preservação dos recursos naturais, visando à sustentabilidade através da coexistência harmônica entre economia e meio ambiente. A Lei nº 6.938/1981 aplica-se tanto aos empreendimentos novos quanto aos já existentes, que foram instalados com ou sem o devido processo de licenciamento ambiental.

O licenciamento ambiental foi instituído pela lei citada, que dispõe e estabelece os objetivos, princípios e instrumentos da Política Nacional do Meio Ambiente, entre os quais, na fase prévia, o encontramos. A lei em pauta criou, ainda, o Sistema Nacional do Meio Ambiente (Sisnama).

O Sistema Nacional do Meio Ambiente (Sisnama)

O Sisnama foi instituído pela Lei nº 6.938/1981 (regulamentada pelo Decreto nº 99.274/1990), a fim de estabelecer uma rede de agências governamentais nos diversos níveis da Federação, assegurando mecanismos capazes de implementar a política nacional do meio ambiente, e está assim estruturado (art. 6º):

- Conselho de Governo — órgão superior de assessoramento do presidente da República na formulação da política e das diretrizes governamentais para o meio ambiente (art. 6º, I);
- Conselho Nacional de Meio Ambiente (Conama) — órgão consultivo e deliberativo, que tem como finalidade "assessorar, estudar e propor, ao Conselho de Governo, diretrizes de políticas governamentais para o meio ambiente e os recursos naturais", bem como deliberar sobre "normas e padrões compatíveis com o meio ambiente ecologicamente equilibrado e essencial à sadia qualidade de vida" (art. 6º, II);
- Ministério do Meio Ambiente (MMA) — órgão central, responsável pela "política nacional do meio ambiente e dos recursos hídricos" e pela "preservação, conservação e utilização sustentável dos ecossistemas" e dos recursos naturais, como definido no inciso XV do art. 27 da Lei nº 10.683/2003 (art. 6º, III);
- Instituto Brasileiro do Meio Ambiente e Recursos Naturais Renováveis (Ibama) — órgão executor, com a "finalidade executar e fazer executar, como órgão federal, a política e diretrizes governamentais fixadas para o meio ambiente" (art. 6º, IV);

- órgãos seccionais estaduais (Oemas) — "Órgãos ou entidades estaduais responsáveis pela execução de programas, projetos e pelo controle e fiscalização das atividades capazes de provocar degradação ambiental" (art. 6º, V);

- órgãos locais (Ommes) — "Órgãos ou entidades municipais, responsáveis pelo controle e fiscalização dessas atividades, nas suas respectivas jurisdições" (art. 6º, VI).

Instrumentos legais relacionados ao meio ambiente

Entre os principais instrumentos legais, nacionais e internacionais, relacionados ao meio ambiente e ao meio ambiente portuário, destacam-se:

1) Na legislação *nacional*:

   a) Lei Complementar nº 140/2011;

   b) Lei nº 6.938/1981 (Política Nacional do Meio Ambiente) e Decreto nº 99.274/1990;

   c) Decreto nº 5.377/2005 (Política Nacional de Recursos do Mar);

   d) Lei nº 7.347/1985 (Lei de Crimes Ambientais);

   e) Lei nº 7.661/1988 (Plano Nacional de Gerenciamento Costeiro);

   f) Lei nº 12.815/2013 (nova Lei dos Portos/Plano de Desenvolvimento e Zoneamento Portuário — PDZ);

   g) Lei nº 9.433/1997 (Plano Nacional de Recursos Hídricos);

   h) Lei nº 9.605/1998 (sanções penais e administrativas derivadas de condutas lesivas ao meio ambiente);

   i) Lei nº 9.966/2000, também conhecida como Lei do Óleo (Lei de Prevenção, Controle e Fiscalização da Poluição);

   j) Decreto nº 4.136/2002 (regulamenta a Lei nº 9.966/2000);

   k) Lei nº 6.514/1977 (segurança e medicina do trabalho);

   l) Decreto nº 96.044/1988 (Regulamento Nacional de Transporte de Produtos Perigosos);

m) Portaria n° 204/1997 do Ministério dos Transportes (instrumento complementar ao Regulamento Nacional de Transporte de Produtos Perigosos do Ministério dos Transportes);

n) RDC n° 217/2001 da Anvisa (aprova o Regulamento Técnico sobre a Vigilância Sanitária nos portos de controle sanitário instalados no território nacional; institui o Plano de Gerenciamento de Resíduos Sólidos — PGRS);

o) NBR 7500, da ABNT (símbolos de risco e manuseio para o transporte e armazenamento de materiais).

2) Na legislação *internacional*:

a) Marpol 73/78 (Convenção Internacional para a Prevenção da Poluição Causada por Navios);

b) CLC/69 (Convenção Internacional sobre Responsabilidade Civil em Danos Causados por Poluição por Óleo);

c) OPRC/90 (Convenção Internacional sobre Preparo, Resposta e Cooperação em Caso de Poluição por Óleo, ratificada pelo Brasil);

d) LC/72 (Convenção de Londres: dispõe sobre o alijamento de material dragado em mar e outros lançamentos);

e) IMDG Code, da IMO (dá atenção especial ao manuseio, transporte e armazenagem de cargas perigosas);

f) Comitê de Segurança Marítima IMO-MSC 75 (propõe medidas para combater ações terroristas contra embarcações, passageiros e tripulações, bem como instalações portuárias contidas nessa interface).

Licenciamento ambiental

No capítulo anterior foi detalhada a relevância da Lei n° 12.815/2013, dissecado o conteúdo da Resolução Antaq n° 2.240/2011 e analisadas as características dos contratos que regem as diferentes formas de exploração das áreas e instalações portuárias. Além de todas as questões já abordadas, a celebração desses contratos tem como pressuposto a realização de estudo ambiental, como se depreende do art. 14 da Lei nº 12.815/2013, que impõe a emissão, pelo órgão licenciador, do termo de referência. Esse termo, segundo a Antaq,[64] "determina o conteúdo e a profundidade do Estudo de Impacto Ambiental, especificando os elementos e informações essenciais para a decisão quanto ao licenciamento do projeto".

Neste tópico analisaremos brevemente as principais questões decorrentes dessa obrigação legal, que é amiúde objeto de críticas por parte daqueles que atuam na área portuária, não por considerarem irrelevante seu cumprimento, mas porque a legislação ambiental ainda carece de maior sistematização, o que acaba, algumas vezes, gerando entraves, sobretudo no que tange ao licenciamento ambiental. Não por outra razão, há quem defenda, inclusive, a criação de órgão ambiental específico para a área portuária, o que se justificaria pelas especificidades que a caracterizam.

A Política Nacional do Meio Ambiente, instituída pela Lei nº 6.938/1981, com subsequentes alterações trazidas pelas leis nº 7.804/1989, nº 8.028/1990, nº 9.960/2000, nº 9.966/2000, nº 9.985/2000, nº 10.165/2000 e nº 11.284/2006 e pela Lei Complementar nº 140/2011, estabelece, em seu art. 10, que estão necessariamente sujeitos a prévia licença, "a construção, instalação, ampliação e funcionamento de estabelecimentos e atividades utilizadores de recursos ambientais, considerados efetiva e potencialmente poluidores, bem como os capazes, sob qualquer forma, de causar degradação ambiental".

---

[64] Informação do Manual de licenciamento ambiental de portos, da Antaq. Disponível em: <www.antaq.gov.br/Portal/pdf/MeioAmbiente/manual_de_licenciamento_ambiental_nos_ portos_(2).pdf>. Acesso em: mar. 2015.

O licenciamento ambiental e a licença ambiental

É mediante o procedimento de licenciamento ambiental que se obtém a licença ambiental, cuja definição se encontra no inciso I do art. 2º da Lei Complementar nº 140/2011, que transcrevemos:

> Licenciamento ambiental: o procedimento administrativo destinado a licenciar atividades ou empreendimentos utilizadores de recursos ambientais, efetiva ou potencialmente poluidores ou capazes, sob qualquer forma, de causar degradação ambiental.

Ao final do procedimento, expedir-se-á um ato administrativo vinculado, declaratório de direito subjetivo preexistente. Isso significa que, uma vez que o empreendedor preencha as condições estabelecidas pelo órgão ambiental competente, há obrigação desse órgão de emitir a licença em questão, não havendo juízo de conveniência e oportunidade na produção do ato.

> Para obtenção da licença ambiental, além do atendimento aos padrões estabelecidos, os impactos ambientais originados da implementação do empreendimento ou da atividade devem ser prevenidos, corrigidos, mitigados, eventualmente eliminados ou compensados, de modo a garantir a qualidade e a sustentabilidade dos recursos ambientais da região sob influência da atividade em questão.[65]

Durante o processo de licenciamento ambiental deverá ser realizado o estudo de impacto ambiental (EIA) e seu respectivo relatório de impacto ambiental (Rima). A Resolução Conama nº 237/1997 determina que "os

---

[65] Manual de licenciamento ambiental de portos, da Antaq, item II.1. Disponível em: <www.antaq.gov.br/Portal/pdf/MeioAmbiente/manual_de_licenciamento_ambiental_nos_portos_(2).pdf>. Acesso em: mar. 2015.

estudos necessários ao processo de licenciamento deverão ser realizados por profissionais legalmente habilitados, a expensas do empreendedor", e que "o empreendedor e os profissionais que subscrevem os estudos serão responsáveis pelas informações apresentadas, sujeitando-se às sanções administrativas, civis e penais" (art. 11 e parágrafo único).

São três as modalidades de licença ambiental expressamente previstas: licença prévia (LP), licença de instalação (LI) e licença de operação (LO). Contudo, nada obsta que, ante a natureza peculiar de um caso, o Conama defina licenças ambientais específicas para o caso singular, a fim de compatibilizar o processo de licenciamento com as etapas de planejamento, implantação e operação. A Resolução Conama nº 237/1997 definiu, em seu art. 14, que, em razão das peculiaridades da atividade ou do empreendimento, o órgão ambiental tem a prerrogativa de estabelecer prazos de análise diferenciados para cada modalidade de licença, bem como para a formulação de exigências complementares. Tal prazo, entretanto, não poderá ultrapassar seis meses entre o ato de protocolar o requerimento e seu deferimento ou indeferimento, "ressalvados os casos em que houver EIA/Rima e/ou audiência pública, quando o prazo será de até 12 meses".

Segundo o art. 8º, I, da mesma resolução, a licença prévia é aquela

> concedida na base preliminar do planejamento do empreendimento ou atividade aprovando sua localização e concepção, atestando a viabilidade ambiental e estabelecendo os requisitos básicos e condicionantes a serem atendidos nas próximas fases de sua implementação [não podendo ter prazo de validade superior a cinco anos].

Já a licença de instalação não pode ter prazo superior a seis anos e é aquela que

> autoriza a instalação do empreendimento ou atividade de acordo com as especificações constantes dos planos, programas e projetos aprova-

dos, incluindo as medidas de controle ambiental e demais condicionantes, da qual constituem motivos determinantes [art. 8º, II].

Por fim, a licença de operação, cujo prazo de validade mínimo é de quatro anos e máximo de 10 anos, é a que

autoriza a operação da atividade ou empreendimento, após a verificação do efetivo cumprimento do que consta das licenças anteriores, com as medidas de controle ambiental e condicionantes determinados para a operação.

Tais licenças podem ser expedidas isolada ou sucessivamente. A LP e a LI podem ter seu prazo de validade prorrogado, desde que não se supere o limite máximo estabelecido (cinco anos para LP e seis anos para LI). A LO, que tem prazo mínimo de quatro anos e prazo máximo de 10 anos, é prorrogável, desde que o pedido seja feito "com antecedência mínima de 120 (cento e vinte) dias da expiração de seu prazo de validade [...], ficando automaticamente prorrogada até a manifestação definitiva do órgão ambiental competente" (art. 18, § 4º). Na renovação, o órgão licenciador poderá alterar o prazo de validade, respeitados os limites mínimo e máximo para esta licença ou, ainda,

mediante decisão motivada, modificar os condicionantes e as medidas de controle e adequação, bem como suspender ou cancelar uma licença expedida quando ocorrer:

I - violação ou inadequação de quaisquer condicionantes ou normas legais;

II - omissão ou falsa descrição de informações relevantes que subsidiaram a expedição da licença;

III - superveniência de graves riscos ambientais e de saúde [Resolução Conama nº 237/1997, art. 19].

Competência para licenciar

A Carta Magna de 1988 instituiu a competência material comum da União, dos estados, do Distrito Federal e dos municípios e a competência legislativa concorrente entre União, estados, Distrito Federal (CF/1988, arts. 23 e 24) para o licenciamento ambiental do Sisnama, instituído pela Lei nº 6.938/1981.

Em sua redação original, o art. 10 da Lei nº 6.938/1981 indicava o órgão estadual como o competente para o licenciamento, podendo, ainda, serem exigidas outras licenças. Com a alteração trazida pela Lei nº 7.804/1989, esse mesmo artigo previu a competência suplementar do Instituto Brasileiro do Meio Ambiente e dos Recursos Naturais (Ibama), nos casos de atividades e obras com significativo impacto ambiental, de âmbito nacional ou regional. Mas isso não trazia segurança ao empresário, pois havia o risco da burocratização dos empreendimentos por conta das múltiplas licenças exigidas.

Assim, a Resolução Conama nº 237/1997 (arts. 4º a 9º) procurou orientar a questão da competência para o processo de licenciamento enquanto instrumento de gestão da política ambiental, delimitando a competência dos órgãos componentes do Sistema Nacional do Meio Ambiente (Sisnama) não pelo critério do domínio ou localização dos bens alcançados pela instalação do empreendimento, mas sim pelo critério da localização e impacto do empreendimento, pela extensão do dano.

Ademais, seguindo a ideia do interesse nacional, temos o critério da predominância do interesse público sobre o domínio do bem — princípio constitucional para a distribuição de competências, com fulcro no qual a atuação supletiva do Ibama estaria restrita aos casos de inépcia, inércia ou omissão do órgão ambiental estadual.

Com a Lei Complementar nº 140, reafirmou-se a vedação ao licenciamento múltiplo, modificando o art. 10 da Lei nº 6.938/1981 — retirando a referência às competências e estabelecendo regras mais claras.

A competência para licenciar empreendimentos portuários, de acordo com a nova sistemática, dependerá da localização do porto, se marítimo ou de águas internas. Os portos marítimos deverão proceder ao licenciamento perante o Ibama, órgão federal (pela interpretação do art. 7º, XIV, "b", da Lei Complementar nº 140/2011), e os portos de águas internas serão licenciados pelo órgão estadual (interpretação do art. 8º, XIV, da Lei Complementar nº 140/2011).

A título de apontamento, também atua no processo de licenciamento o Ministério Público — federal e estadual —, cujas atribuições incluem a defesa do meio ambiente (CF/1988, art. 129, III), o que o legitima para apurar eventuais infrações mediante inquérito civil e para ajuizar ações com esse objetivo.

Participação pública

A participação pública no processo de licenciamento ambiental se dá através das audiências públicas, com "a finalidade de expor aos interessados o conteúdo do produto em análise e do seu referido RIMA, dirimindo dúvidas e recolhendo dos presentes as críticas e sugestões a respeito" (Resolução Conama nº 9/1987, art. 1º). As audiências públicas ocorrem durante a análise do Estudo de Impacto Ambiental (EIA) e de seu respectivo Relatório de Impacto Ambiental (Rima), que subsidiam a decisão sobre a concessão da licença ambiental.

O Rima tem como finalidade tornar compreensível para o público o conteúdo do EIA, porquanto este último é elaborado segundo critérios técnicos. Assim, a fim de atender ao princípio constitucional da informação ambiental, o Rima deve ser claro e acessível, retratando fielmente o conteúdo do estudo, de modo compreensível e menos técnico, sendo imprescindível, para sua validade, o depósito de uma cópia em local disponível ao público. Os órgãos públicos envolvidos ou interessados receberão cópia para conhecimento e manifestação (art. 11 da Resolução Conama nº 1/1986). A partir da data do recebimento do Rima, será fixada em edital e anunciada, pela imprensa local, a abertura do prazo que será, no mínimo, de 45 dias para solicitação da audiência pública por entidade civil, pelo Ministério Público, ou por 50 ou mais cidadãos (Resolução Conama nº 9/1987, art. 2º, *caput* e § 1º).

Documentos técnicos

Durante o processo de licenciamento ambiental, deverão ser elaborados diversos documentos técnicos de avaliação da viabilidade do empreendimento do ponto de vista ambiental, bem como a definição do compromisso do empreendedor em relação às medidas a serem adotadas para atenuação dos efeitos adversos da implantação e operação do empreendimento. Os principais documentos técnicos estão descritos a seguir.

- *Memorial descritivo.* O memorial descritivo demonstra o conhecimento prévio, pelo empreendedor, das características da região onde será inserido o empreendimento e é de fundamental importância para a definição das exigências a serem feitas e do conteúdo dos estudos a serem desenvolvidos.

- *Termo de referência.* O órgão licenciador, em função das características do empreendimento apresentadas no memorial descritivo preparado pelo empreendedor, elaborará o termo de referência, que estabelecerá diretrizes, conteúdo mínimo e abrangência do estudo ambiental exigido e se constituirá no instrumento orientador para seu desenvolvimento. O empreendedor poderá propor mudanças ao órgão licenciador, que as aceitará ou não, e emitirá a versão final do termo de referência. Ele deve ser elaborado antes da celebração do contrato de concessão, arrendamento, ou autorização de portos (art. 14, III, da Lei nº 12.815/2013).

- *Estudo de impacto ambiental* (EIA) e *relatório de impacto ambiental* (Rima). O licenciamento de empreendimentos e atividades consideradas efetiva ou potencialmente causadoras de significativa degradação do meio ambiente, como é o caso dos portos, dependerá de prévio estudo de impacto ambiental (EIA) e respectivo relatório de impacto ambiental (Rima), que devem ser apresentados aos órgãos competentes quando se inicia o processo de licenciamento ambiental, visto que eles, nos termos do art. 4º da Resolução Conama nº 1/1986,

> deverão compatibilizar os processos de licenciamento com as etapas de planejamento e implantação das atividades modificadoras do meio ambiente, respeitando os critérios e diretrizes estabelecidos por esta Resolução e tendo por base a natureza, o porte e as peculiaridades de cada atividade.

Assim, toda atividade modificadora do meio ambiente e potencialmente causadora de significativa degradação dele deve sujeitar-se ao processo de licenciamento ambiental. O parágrafo único do art. 3º da Resolução Conama nº 237/1997 determina que o órgão ambiental competente defina os estudos ambientais pertinentes ao respectivo processo de licenciamento.

Instrumentos de gestão ambiental

Após a elaboração do EIA e do respectivo Rima, será possível aprovar a licença prévia do empreendimento. Depois, no procedimento de obtenção da licença de instalação, é feito o detalhamento do projeto a ser executado, do ponto de vista tanto das obras de infraestrutura quanto das instalações e equipamentos. Nessa fase, são elaborados e apresentados alguns dos instrumentos de gestão ambiental prévia (podem ser exigidos para a obtenção da licença de operação, quando indicados em termo de compromisso ou de ajuste ambiental):

- o *Programa de Gerenciamento de Riscos,* que conterá o manual de procedimento interno para o gerenciamento dos riscos de poluição (conforme o art. 6º da Lei nº 9.966/2000) e o plano de emergência individual (conforme o art. 7º da mesma lei);

- o *Programa de Gerenciamento de Resíduos,* com o manual de procedimento interno para o gerenciamento dos diversos resíduos gerados e o estudo técnico em que devem estar especificadas as características dos serviços e/ou instalações apropriados ao recebimento e tratamento desses resíduos, bem como de seu envio para tratamento (art. 6º da Lei nº 9.966/2000 c/c arts. 12 e 52 do Decreto nº 4.136/2002);

- o *Programa de Monitoramento Ambiental,* que deve conter, no mínimo, o plano de monitoramento da qualidade da água, o plano de monitoramento da qualidade do ar e o plano de monitoramento da poluição sonora.

Quando da emissão da licença de operação, além da exigência do cumprimento de todas as obrigações estabelecidas pelos planos de gestão ambiental, serão definidos os pré-requisitos para solicitação da renovação da licença de operação.

Para o perfeito acompanhamento dos diversos programas criados durante o processo de licenciamento ambiental e visando ao desenvolvimento sustentável e à melhoria contínua da atividade portuária, é de fundamental importância que se criem formas de monitoramento dos impactos causados pelas operações, de maneira segura e transparente.

Sustentabilidade no setor portuário

Atualmente, no Brasil, aproximadamente 969 milhões de toneladas de mercadorias diversas são transportadas anualmente, através dos 37 portos organizados (349 milhões de toneladas) e TUPs (620 milhões de toneladas), que, juntos, compõem o sistema portuário brasileiro.[66] O sistema portuário nacional responde isoladamente por mais de 90% do fluxo de mercadorias destinadas à exportação. Dessa maneira, no sentido de posicionar o Brasil de forma competitiva no cenário de uma sociedade globalizada fortemente dependente do transporte de mercadorias, e reafirmando a importância estratégica do sistema aquaviário de transportes para o Brasil, aprovou-se a Medida Provisória nº 369, de 27 de maio de 2007 (posteriormente convertida na Lei nº 11.518/2007), criando a Secretaria de Portos da Presidência da República (SEP/PR).

A SEP, no âmbito de suas competências, é responsável, juntamente com o Ministério dos Transportes (através do DNIT), pela implementação do Programa Nacional de Dragagem Portuária e Hidroviária II, instituído pela Lei nº 12.815/2013, que objetiva, fundamentalmente, sanar limitações das operações portuárias, entre elas as questões ambientais.

De acordo com a Resolução Conama nº 237/1997, a dragagem é atividade sujeita ao licenciamento ambiental. De fato, inúmeros são os impactos relacionados com essa atividade, e eles devem ser prevenidos, mitigados, reparados ou compensados. Esses impactos são de diferentes naturezas (física, química e biológica), de curto e longo prazos, e podem ocorrer tanto durante a fase de remoção dos sedimentos quanto no transporte e disposição final do material dragado.

Com o intuito de gerenciar as atividades de dragagem e disposição de sedimentos dragados no país, foi elaborada a Resolução Conama nº 344, de 25 de março de 2004 (hoje revogada). De acordo com esse documento, a caracterização preliminar da qualidade dos sedimentos a serem dragados deve ser feita primordialmente por meio de análises geoquímicas. Em segunda instância, em casos específicos e apenas se

---

[66] Disponível em: <www.brasil.gov.br/infraestrutura/2015/02/portos-brasileiros-movmentam-969-mi-de-toneladas-em-2014>. Acesso em: 6 jan. 2016.

necessário, exames ecotoxicológicos são também exigidos. As análises geoquímicas consistem em quantificação da concentração de uma série de contaminantes, entre eles metais, hidrocarbonetos policíclicos aromáticos (HPAs) e bifenilas policloradas (PCBs), e posterior comparação com valores orientadores especificados pela resolução. Para cada contaminante, são definidos dois limites, chamados níveis 1 e 2. Considera-se que: (1) o contaminante encontrado em concentração abaixo do seu respectivo nível 1 não representa risco à biota (baixa probabilidade de que ocorram efeitos biológicos); (2) concentração acima do nível 2 representa alto risco à biota (prováveis efeitos biológicos relacionados a essa contaminação); (3) em caso de o contaminante (especificamente mercúrio, cádmio, chumbo, arsênio ou HPAs do grupo A1) se apresentar em concentração entre nível 1 e 2, considera-se a possibilidade de que este possa causar efeitos biológicos adversos; então o material deverá ser submetido a exames mais detalhados com o intuito de se determinar seus efeitos sobre a biota.

Apesar de tradicionalmente as legislações nacionais, tanto no Brasil quanto em outros países, serem, no que concerne à caracterização de material dragado, fortemente ou exclusivamente baseadas na análise da concentração de contaminantes, atualmente a comunidade científica é consonante em afirmar que apenas análises geoquímicas não são suficientes para uma caracterização integral do sedimento e material dragado. A integração de duas ou mais abordagens produz resultados mais fiáveis sobre a qualidade dos sedimentos e materiais dragados. Por exemplo, a Agência Ambiental Estadunidense (Usepa) considera que a qualidade desse compartimento ambiental deve ser estimada por meio de estudos geoquímicos, ecotoxicológicos e ecológicos (Usepa, 2003). Essa abordagem, baseada na integração de diferentes evidências a respeito da qualidade dos sedimentos, é denominada "evidências ponderadas", ou "peso de evidências" (do inglês *weight of evidence*) e vem ganhando espaço na esfera regulatória. Atualmente, convenções internacionais (exemplos: London Convention,

1996; Ospar, 2004) recomendam — e legislações nacionais na Europa (Den Besten et al., 2003), Estados Unidos (Usepa/Usace, 1998) e Austrália (Anzecc/Armcanz, 2000) incorporaram a análise de efeitos biológicos (ecotoxicológicos e/ou ecológicos) para caracterização de material dragado. Em geral, os processos de avaliação de sedimento e material dragado baseados na abordagem de evidências ponderadas consistem em, inicialmente, realização de avaliações simples, que progridem para avaliações mais detalhadas à medida que sejam necessárias para se obter uma caracterização integral da qualidade do material (Del Valls et al., 2004).

Os testes ecotoxicológicos e análises de comunidades bentônicas estão entre as avaliações biológicas mais comumente empregadas para complementação das tradicionais análises químicas em sedimentos e material dragado. Essas análises, todas realizadas sobre os sedimentos, se complementam, uma vez que cada uma delas fornece informações únicas sobre o objeto de estudo. Ao serem empregadas de forma integrada, as técnicas individuais, aplicadas sob enfoque científico-analítico-reducionista, são elevadas a um nível holístico de avaliação da qualidade ambiental dos sedimentos. Nessa linha, a caracterização do material dragado não se restringe a quantificar os contaminantes; também são procuradas evidências empíricas dos possíveis efeitos desses contaminantes sobre a biota. Agências ambientais de alguns países (Reino Unido e Austrália, por exemplo) já introduziram esse conceito na prática da gestão ambiental portuária (caracterização de material dragado, monitoramento das áreas de influência das zonas de descarte etc.). No Brasil, a avaliação integrada vem ganhando força. O porto de Rio Grande, por exemplo, começou recentemente a ter sua área de influência ambiental — a licença de operação do porto foi condicionada à execução de um detalhado trabalho de monitoramento ambiental.

Constantemente, novos métodos têm sido propostos, testados e incorporados à abordagem de evidências ponderadas, com a finalidade de detalhar a avaliação da qualidade de sedimentos e material dragado. Há alguns anos, o meio científico vem devotando considerável atenção ao desenvolvimento de estudos de respostas biológicas precoces que possam antecipar os efeitos em níveis maiores de organização biológica (populações, comunidades e ecossistemas). Tais respostas biológicas precoces são denominadas biomarcadores, que são definidos como alterações bioquímicas, celulares, fisiológicas ou comportamentais que podem ser avaliadas em amostras de tecidos, fluidos corporais ou em organismos, e que indicam exposição a um ou mais contaminantes e os efeitos dessa exposição. O emprego de biomarcadores fornece informações relevantes sobre a biodisponibilidade e dinâmica de ação de poluentes, e sua utilização tem sido indicada em programas de avaliação ambiental devido à alta sensibilidade, curto prazo de resposta e baixo custo de análise.

O uso dessas técnicas mais sensíveis é recomendado em monitoramentos ambientais das atividades portuárias, uma vez que, ao contrário de outros métodos que apenas detectam os danos biológicos já existentes (como as análises de estrutura de comunidades bentônicas), possibilita uma gestão preventiva e não apenas remediadora dos ecossistemas aquáticos. Ainda que atualmente, em todo o mundo, seja pouco frequente o emprego de biomarcadores para avaliações ambientais, passos começam a ser dados no sentido de integrar essa ferramenta sensível ao protocolo de avaliação de material dragado em alguns países, como a Irlanda. À medida que esses métodos vão sendo desenvolvidos e padronizados, verificamos que sua implantação contribuirá muito com a qualidade e a sustentabilidade ambientais, trazendo transparência à operação portuária e fazendo com que a renovação da licença de operação possa ocorrer de maneira mais rápida e eficaz.

Em consonância com a experiência internacional, o Conama editou a Resolução nº 454/2012, que modernizou a avaliação do material dragado, incluindo a terceira etapa de avaliação ecotoxicológica. Ela deve ser feita em complementação à análise física e química, avaliando "os impactos potenciais a vida aquática, no local proposto para a disposição do material dragado".

Saúde

A discussão sobre a saúde nos portos deve ser encarada como uma necessidade estratégica, em função dos grandes interesses envolvidos na área, por exemplo, exportação de carnes bovinas, suínas e de aves.

Pelas características inerentes às suas funções operacionais, diariamente os portos recebem embarcações, pessoas e cargas provenientes de diferentes regiões do planeta. Essas embarcações podem trazer também a bordo uma série de problemas sanitários, capazes de impactar o meio ambiente e causar problemas de saúde pública. É necessário, portanto, estabelecer controles específicos voltados para a saúde pública e para o meio ambiente, com três focos diferentes: pessoas, cargas e embarcações.

Em relação às pessoas, devem ser estabelecidos controles de saúde dos tripulantes e também de possíveis clandestinos que as embarcações tragam para o país. O controle das cargas deve ser feito analisando-se a carga propriamente dita e o lixo (resíduos sólidos) produzido nas embarcações. No que toca a estas últimas, é preciso cuidado especial em relação à água de lastro e animais a bordo que possam ser vetores de doenças, como insetos, roedores e pássaros.

Evidências históricas comprovam que a falta de controle desses agentes pode causar danos à região. Um exemplo é o caso do mexilhão dourado, que não é original da fauna brasileira, mas, vindo através de embarcações no rio da Prata, alastrou-se pelos rios e foi encontrado na turbina da usina hidrelétrica de Itaipu. A proliferação desse molusco causou diversos problemas, não somente ambientais — ao afetar o equilíbrio ecológico dos ecossistemas invadidos (competição por diferentes nichos anteriormente ocupados por espécies nativas) —, mas também econômicos, ao afetar o funcionamento de instalações submersas relacionadas ao abastecimento de água, às indústrias, hidrelétricas, transportes, aquicultura e estruturas destinadas ao lazer.

Há uma preocupação mundial em relação à gripe aviária, que é uma doença infecciosa causada por variantes do vírus *influenza* tipo A, que afeta as espécies aviárias. Segundo a Organização Mundial de Saúde Animal (OIE), 63 países haviam notificado, até 2010, animais infectados pelo subtipo H5N1 do vírus, sendo 11 na África, 29 na Ásia e 23 na Europa.[67] Entre 2003 e 2015, o vírus do subtipo H5N1 tinha causado doenças humanas que afetavam o trato respiratório. Oitocentos e quarenta e seis casos humanos haviam sido confirmados até o final de 2015 com uma letalidade de cerca de 53%.[68]

Preocupada com uma eventual ameaça de pandemia causada por um novo subtipo viral, a OIE anunciou o Plano Global Contra a Gripe, que estabelece recomendações para criação de medidas antes e durante as pandemias, das quais duas merecem destaque:

- os países deverão criar planos de preparação para minimizar as consequências de tais ocorrências;
- portos marítimos nacionais, aeroportos e fronteiras devem ser considerados pontos de alerta prioritários de tais ocorrências.

Instrumentos de gestão da saúde

Em virtude das recomendações da OIE, o governo brasileiro instituiu, através de um decreto presidencial (de 23 de outubro de 2005),

---

[67] Disponível em: <http://web.oie.int/eng/info_ev/en_AI_factoids_2.htm>. Acesso em: jan. 2016.

[68] Disponível em: <www.who.int/influenza/human_animal_interface/2016_02_25_tableH5N1.pdf>. Acesso em: 14 abr. 2016.

o Grupo Executivo Interministerial (GEI), que tinha o objetivo de estabelecer e acompanhar as medidas de emergência necessárias para implementar o Plano Nacional de Prevenção da Gripe Aviária, com o escopo de prevenir e controlar a possibilidade de uma epidemia no território brasileiro. Ele foi substituído pelo Grupo Executivo Interministerial de Emergência em Saúde Pública de Importância Nacional e Internacional (GEI-Espii) (decreto presidencial de 6 de dezembro de 2010). Compete a ele "acompanhar a execução das ações de preparação e enfrentamento de emergências em saúde pública" (art. 2º, I), seja essa emergência nacional ou internacional, e também articular as ações com os estados e municípios. Fazem parte do GEI-Espii, entre outras, as seguintes instituições governamentais: Ministério da Saúde (coordenação); Agência Nacional de Vigilância Sanitária; Casa Civil, Ministério da Fazenda; Ministério do Planejamento, Orçamento e Gestão; Ministério da Agricultura, Pecuária e Abastecimento; Ministério da Integração Nacional; Ministério das Relações Exteriores; Ministério da Justiça; Ministério da Defesa; Ministério dos Transportes; Ministério do Desenvolvimento, Indústria e Comércio Exterior; e Secretaria de Portos.

No contexto do GEI (de 2005) foi estabelecido o Plano de Prevenção para os Portos Marítimos Brasileiros, devendo ser desenvolvido, para cada porto marítimo brasileiro, um plano específico de prevenção da gripe aviária, a ser elaborado pelo Ministério dos Transportes e pela Secretaria de Portos (a partir de sua criação, em maio de 2007). A competência de determinar e supervisionar a formulação dos planos específicos para cada porto, além de consolidar as logísticas necessárias para sua implementação, é da autoridade portuária local.

O desenvolvimento do citado plano é fundamental, mantendo uma atividade de monitoramento em estado de alerta para detecção, notificação e investigação de doenças respiratórias causadas pela gripe aviária que possam afetar as pessoas da região. Isso, entretanto, envolve um elevado grau de complexidade devido ao grande número de instituições portuárias intervenientes e à diversidade das atividades de um porto.

Cabe ressaltar, ainda, que a gripe aviária não é o único problema relacionado à saúde portuária, sendo necessário que as autoridades estabeleçam planos para prevenção de qualquer outro tipo de ameaça à saúde humana, à fauna e à flora brasileiras.

Finalizando, vale destacar que, embora para alguns empreendedores os processos de licenciamento ambiental representem um entrave à realização de projetos que contribuem para o desenvolvimento econômico, ele deve ser interpretado como um importante mecanismo para tornar viáveis projetos potencialmente impactantes, que devem ser discutidos e esgotados num contexto integrado e multidisciplinar.

Esse processo representa um grande instrumento em termos de política ambiental na medida em que obriga a pensar nos aspectos ambientais ainda nos estágios preliminares da concepção dos projetos. É um importante instrumento de gestão, pois aumenta a viabilidade, em longo prazo, de empreendimentos (sustentabilidade) e pode, a partir de investimentos que representam uma pequena fração dos custos da implantação de um projeto (geralmente menos de 1%), ajudar a evitar erros que teriam custos ambientais e econômicos significativos.

Além disso, o estudo de impacto ambiental torna transparente o processo de licenciamento, permitindo que diferentes agentes sociais tomem conhecimento e se envolvam com os processos de desenvolvimento e gestão de sua região.

Nessas poucas páginas, procurou-se sintetizar e sistematizar inúmeras informações sobre esse processo complexo, visando introduzir o tema aos interessados em gestão ambiental e de saúde relacionadas às atividades portuárias. Muitos aspectos técnicos foram bastante simplificados para não se perder a visão de conjunto pretendida. Eles podem ser aprofundados na bibliografia citada no final desta obra.

Referências

ANTUNES, Paulo de Bessa. *Direito ambiental*. 9. ed. Rio de Janeiro: Lumen Juris, 2006.

ARAGÃO, Alexandre Santos de. O atual estágio da regulação estatal no Brasil. In: MARRARA, Thiago (Org.). *Direito administrativo*: transformações e tendências. São Paulo: Almedina, 2014.

ARAÚJO, Edmir Netto. *Curso de direito administrativo*. 4. ed. São Paulo: Saraiva, 2009.

ARBACHE, J. S. Comércio internacional, competitividade e mercado de trabalho: algumas evidências para o Brasil. In: CORSEUIL, C. H.; KUME, H. (Org.). A abertura comercial brasileira nos anos 1990: impactos sobre emprego e salários. Rio de Janeiro: Ipea, 2003. p. 115-170.

ARBIX, G. Da liberalização cega dos anos 90 à construção estratégica do desenvolvimento. Tempo Social, São Paulo, v. 14, n. 1, p. 1-17, 2002.

ASSOCIAÇÃO BRASILEIRA DE NORMAS TÉCNICAS (ABNT). *NBR 7500:2009* — Identificação para o transporte terrestre, manuseio, movimentação e armazenamento de produtos. Rio de Janeiro: ABNT, 2009. Versão corrigida.

AUSTRALIAN AND NEW ZEALAND ENVIRONMENT AND CONSERVATION COUNCIL/AGRICULTURE AND RESOURCE MANAGEMENT COUNCIL OF AUSTRALIA AND NEW ZEALAND (ANZECC/ARMCANZ). *National water quality management strategy*: Australian and New Zealand guidelines for fresh and marine water quality. Canberra: Anzecc/Armcanz, 2000. v. 1: The guidelines. Disponível em: <www.mincos.gov.au/__data/assets/pdf_file/0014/316121/contents.pdf>. Acesso em: fev. 2011.

AZEVEDO, Maria Eduarda. *As parcerias público-privadas*: instrumento de uma nova governação pública. Coimbra: Almedina, 2012.

BERCOVICI, Gilberto. O setor portuário, a nova Lei dos Portos e a consagração do "Estado Garantidor" no Brasil. In: SILVA FILHO, Nelson

Cavalcante; WARDE JÚNIOR, Walfrido Jorge; BAYEUX NETO, José Luiz (Org.). *Direito marítimo e portuário*: novas questões. São Paulo: Quartier Latin, 2013.

BRAGA, H. C.; TYLER, W. G. *Trade policies in Brazil*. Rio de Janeiro: Inpes/Ipea, 1990. Texto para discussão interna, n. 185.

BRASIL. Ministério da Agricultura, Pecuária e Abastecimento (Mapa). *Plano de Contingência para Influenza e Doença de Newcastle*: versão 1.3. Brasília, DF, jun. 2003. Disponível em: <www.agricultura.gov.br/arq_editor/file/Aniamal/programa%20nacional%20sanidade%20avicola/pano%20de%20contingencia.pdf>. Acesso em: 29 ago. 2011.

_____. Ministério da Agricultura, Pecuária e Abastecimento (Mapa). Secretaria de Defesa Agropecuária. *Influenza aviária*: informe-se. Brasília, DF: Mapa, 2006. Disponível em: <www.agricultura.gov.br/arq_editor/file/Aniamal/programa%20nacional%20sanidade%20avicola/perguntas%20ofrequentes.pdf>. Acesso em: 29 ago. 2011.

_____. Ministério da Saúde. *Plano de Contingência do Brasil para o Enfrentamento de uma Pandemia de Influenza*: versão preliminar. Brasília, DF: Ministério da Saúde, 2005. Disponível em: <http://portal.saude.gov.br/portal/arquivos/pdf/plano_flu1.pdf>. Acesso em: nov. 2011.

_____. Ministério da Saúde. *Pandemia de influenza*: manual da OMC para jornalistas. Brasília, DF, 2006. Disponível em: <http://dtr2001.saude.gov.br/Influenza/principal_gripe.htm>. Acesso em: 29 set. 2006.

_____. Ministério da Saúde. Secretaria de Vigilância em Saúde. Departamento de Vigilância Epidemiológica. Grupo Executivo Interministerial (GEI). *Plano Brasileiro de Preparação para uma Pandemia de Influenza*: IV versão. Brasília, DF, 2010. Disponível em: <http://portal.saude.gov.br/portal/arquivos/pdf/plano_influenza_iv_maio10_web2.pdf>. Acesso em: 29 ago. 2011.

_____. Ministério do Desenvolvimento, Indústria e Comércio Exterior. *Balança comercial brasileira*: dados consolidados 2014. Brasília, DF: MDIC: 2015a. Disponível em <www.desenvolvimento.gov.br/arquivos/dwnl_1423144482.pdf>. Acesso em: 6 maio 2015.

____. Ministério do Desenvolvimento, Indústria e Comércio Exterior. Comércio exterior 2014/2013. Relatório: distribuição por parte. Brasília, DF: MDIC: 2015b. Disponível em: <www.mdic.gov.br/sitio/interna/interna. php?area=5&menu=4932&refr=608>. Acesso em: 8 maio 2015.

CAIXETA FILHO, J. V.; GAMEIRO, H. A. *Sistema de gerenciamento de transporte*: modelagem matemática. São Paulo: Atlas, 2001.

CAMPOS NETO, Carlos Alarves da Silva. *Investimentos na infraestrutura de transportes*: avaliação do período 2002-2013 e perspectivas para 2014-2016 — Brasília. Rio de Janeiro: Ipea, 2014. Texto para discussão. Disponível em: <www.ipea.gov.br/agencia/images/stories/PDFs/TDs/td_2014.pdf>. Acesso em: 6 maio 2015.

CASSIOLATO, J.; LASTRES, H. Arranjos e sistemas produtivos locais na indústria brasileira. *Revista de Economia Contemporânea*, Rio de Janeiro, v. 5, n. 2, p. 103-136, 2001.

DEL VALLS, T. A. et al. Chemical and ecotoxicological guidelines for managing disposal of dredged material. *Trends in Analytical Chemistry*, v. 23, n. 10-11, 2004.

DEN BESTEN, P. J. et al. Biological effects-based sediment quality in ecological risk assessment for European waters. *Journal of Soils and Sediments*, n. 3, p. 144-162, 2003.

DI PIETRO, Maria Sylvia Zanella. *Direito administrativo*. 13. ed. São Paulo: Atlas, 2001.

____. *Direito administrativo*. 17. ed. São Paulo: Atlas, 2004.

____. *Parcerias da administração pública*: concessão, permissão, franquia, terceirização e outras formas. 5. ed. São Paulo: Atlas, 2006.

____. *Direito administrativo*. 24. ed. São Paulo: Atlas, 2011.

____. *Uso privativo de bem público por particular*. 3. ed. São Paulo: Atlas, 2014.

FERREIRA, Luis Tarcísio Teixeira. *Parcerias público-privadas*: aspectos constitucionais. Belo Horizonte: Fórum, 2006.

FONTANA, Caio Fernando. *Metodologia para implantação dos processos da cadeia logística segura*. Tese (doutorado em engenharia elétrica) — Escola Politécnica da USP, São Paulo, 2009.

FREITAS, Juarez. Parcerias público-privadas (PPPs): natureza jurídica. In: CARDOZO, José Eduardo Martins; QUEIROZ, João Eduardo Lopes; SANTOS, Márcia Walquiria Batista dos (Coord.). *Direito administrativo econômico*. São Paulo: Atlas, 2011.

GARCIA, Flávio Amaral; FREITAS, Rafael Véras de. Portos brasileiros e a nova assimetria regulatória: os títulos habilitantes para a exploração da infraestrutura portuária. *Revista de Direito Público da Economia (RDPE)*, Belo Horizonte, v. 12, n. 47, p. 85-124, jul./set. 2014.

GARCIA, Valêncio. *Modelo de automação colaborativo para aumentar a eficácia nos processos do gerenciamento da cadeia de suprimentos (supply chain management)*. Dissertação (mestrado em engenharia elétrica) — Escola Politécnica da USP, Departamento de Engenharia de Energia e Automação Elétricas, São Paulo, 2008.

GASPARINI, Diógenes. *Direito administrativo*. 5. ed. São Paulo: Saraiva, 2000.

_____. *Direito administrativo*. 7. ed. São Paulo: Saraiva, 2002.

_____. Instalações portuárias. *Boletim de Direito Administrativo (BDA)*, São Paulo, v. 21, n. 6, p. 660 e segs., jun. 2005.

GILBERTO, André Marques; BAYEUX, Álvaro Adelino Marques. Os aspectos administrativos e concorrenciais do direito portuário. In: SILVA FILHO, Nelson Cavalcante; WARDE JÚNIOR, Walfrido Jorge; BAYEUX NETO, José Luiz (Org.). *Direito marítimo e portuário*: novas questões. São Paulo: Quartier Latin, 2013.

GOMES, Marcos Pinto Correia. O setor portuário e o novo marco regulatório. *Revista Brasileira de Direito Público*, Belo Horizonte, v. 11, n. 43, p. 159-208, out./dez. 2013.

GUERRA, Sérgio. Agencificação no Brasil: causas e efeitos no modelo regulatório. In: MARRARA, Thiago (Org.). *Direito administrativo*: transformações e tendências. São Paulo: Almedina, 2014.

GUIMARÃES, Fernando Vernalha. O custeio do serviço público: a concessão patrocinada como via à implementação de tarifas sociais. *Revista de Direito Público da Economia (RDPE)*, Belo Horizonte, v. 7, n. 25, jan. 2009. Biblioteca digital. Disponível em: <www.bidforum.

com.br/bid/PDIexibepdf.aspx?vw=S&pdiCntd=56977>. Acesso em: 20 ago. 2011.

_____. *Parceria público-privada*. São Paulo: Saraiva, 2012.

IGLESIAS, R. M.; VEIGA, P. M. *Promoção de exportações na internacionalização das firmas de capital brasileiro*. Estudos Setoriais do Banco Nacional de Desenvolvimento Econômico e Social, dez. 2002. Disponível em: <www.bndes.gov.br/SiteBNDES/export/sites/default/bndes_pt/Galerias/Arquivos/conhecimento/livro_desafio/Relatorio-09.pdf>. Acesso em: abr. 2003.

INSTITUTO DE PESQUISA ECONÔMICA APLICADA (IPEA). Portos brasileiros: diagnóstico, políticas e perspectivas. *Comunicados do Ipea*, n. 48, maio 2010. Disponível em: <http://agencia.ipea.gov.br/images/stories/PDFs/100517_comunicadodoipea_n_48.pdf>. Acesso em: fev. 2011.

INTERNATIONAL MARITIME ORGANIZATION (IMO). *IMDG Code*. Londres: IMO, 1965. Disponível em: <www5.imo.org/SharePoint/mainframe.asp?topic_id=158>. Acesso em: 29 ago. 2011.

_____. *Civil Liability Convention (CLC)*. Londres: IMO, 1969. Disponível em: <www.imo.org/About/Conventions/ListOfConventions/Pages/International-Convention-on-Civil-Liability-for-Oil-Pollution-Damage-(CLC).aspx>. Acesso em: 29 ago. 2011.

_____. *London Convention 1972 (LC/72)*. Londres: IMO, 1972. Disponível em: <www.imo.org/About/Conventions/ListOfConventions/Pages/Convention-on-the-Prevention-of-Marine-Pollution-by-Dumping--of-Wastes-and-Other-Matter.aspx>. Acesso em: 29 ago. 2011.

_____. *Marpol 73/78*. Londres: IMO, 1973. Disponível em: <www.imo.org/About/Conventions/ListOfConventions/Pages/International-Convention-for-the-Prevention-of-Pollution-from-Ships-(MARPOL).aspx>. Acesso em: 29 ago. 2011.

_____. *OPRC/90*. Londres: IMO, 1990. Disponível em: <www.imo.org/About/Conventions/ListOfConventions/Pages/International-Convention-on-Oil-Pollution-Preparedness,-Response-and-Co-operation-(OPRC).aspx>. Acesso em: 29 ago. 2011.

____. *London Convention 1996 (LC/96)*. Londres: IMO, 1996. Disponível em: <www.imo.org/About/Conventions/ListOfConventions/Pages/Convention-on-the-Prevention-of-Marine-Pollution-by-Dumping-of-Wastes-and-Other-Matter.aspx>. Acesso em: 29 ago. 2011.

____. Maritime Safety Commitee. *75th session (14-24 May 2002) report*. Londres: IMO Library Services External Relations Office, 2002.

JUSTEN FILHO, Marçal. *Teoria geral das concessões dos serviços públicos*. São Paulo: Dialética, 2003.

MARQUES NETO, Floriano de Azevedo. *Bens públicos*: função social e exploração econômica. O regime jurídico utilidades públicas. São Paulo: Atlas, 2013.

____; SCHIRATO, Victor Rhein (Coord.). *Estudos sobre a lei das parcerias público-privadas*. Belo Horizonte: Fórum, 2011.

MARRARA, Thiago. Transporte público e desenvolvimento urbano: aspectos jurídicos da Política Nacional de Mobilidade. *Revista Digital de Direito Administrativo (RDDA)*, Ribeirão Preto, SP, v. 2, n. 1, p. 120-136, 2015.

MEIRELLES, Hely Lopes. *Direito administrativo brasileiro*. 22. ed. São Paulo: Malheiros, 1997.

____. *Direito administrativo brasileiro*. 23. ed. São Paulo: Malheiros, 1998.

MELLO, Celso Antônio Bandeira de. *Curso de direito administrativo*. 16. ed. São Paulo: Malheiros, 2003.

____. *Curso de direito administrativo*. 17. ed. São Paulo: Malheiros, 2004.

MENDONÇA, Luiz Hamilton Lima. *Porto sem papel*: concentrador de dados portuários. Secretaria de Portos, Brasília, DF [s.d.]. Disponível em: <www.portosdobrasil.gov.br/programas-e-projetos/porto-sem-papel/copy_of_pag_inicial> Acesso em: fev. 2011.

MILARÉ, Edis. *Direito do ambiente*. 3. ed. São Paulo: RT, 2004.

MÜLLER, G. Dinâmica e tipologia da economia mundial contemporânea. *Revista de Economia Política*, São Paulo, v. 7, n. 4, p. 52-72, 1987.

NIEBUHR, Pedro de Menezes. *Parcerias público-privadas*: perspectivas constitucionais. Belo Horizonte: Fórum, 2008.

ORGANIZAÇÃO DAS NAÇÕES UNIDAS (ONU). *Convenção das Nações Unidas sobre Direito do Mar.* Montego Bay, Jamaica, 1982. Disponível em: <www2. mre.gov.br/dai/m_1530_1995.htm>. Acesso em: 29 ago. 2011.

ORGANIZACIÓN MUNDIAL DE LA SALUD. *Preguntas y respuestas sobre la gripe aviar*: selección de preguntas frecuentes referidas a los animales, los alimentos y el agua. Genebra: OMS, 2006. Disponível em: <www.who.int/foodsafety/micro/AI_QandA_Mayo6_SP.pdf>. Acesso em: 29 ago. 2011.

OSPAR COMISSION (Oslo-Paris Convention). *OSPAR Convention for the protection of the marine environment of the north-east Atlantic.* Revised OSPAR Guidelines for the Management of Dredged Material. [S.l.], 2004. Reference number: 2004-08.

PERERA et al. Fatores logísticos que influenciam a competitividade da soja brasileira para exportação. In: CONGRESSO DO INSTITUTO FRANCO--BRASILEIRO DE ADMINISTRAÇÃO DE EMPRESAS, 2. Franca, SP. *Anais...* São Paulo, Instituto Franco-Brasileiro de Administração de Empresas (IFBAE), 2003.

PINTO JÚNIOR, Mario Engler. Parcerias público-privadas: antigas e novas modalidades contratuais. *Revista de Direito Público da Economia (RDPE).* Belo Horizonte, ano 4, n. 13, jan./mar. 2006. Disponível em: <www.bidforum.com.br/bid/PDIexibepdf.aspx? vw=S&pdiCntd=34592>. Acesso em: 20 ago. 2011.

POMPEU, Cid Tomanik. *Autorização administrativa.* 2. ed. São Paulo: RT, 2007.

PORTER, Michael E. *Estratégia competitiva.* Rio de Janeiro: Campus, 1985.

RAMUNNO, Pedro Alves Lavacchini. A Lei nº 12.815 e os novos marcos regulatórios dos portos brasileiros. In: SILVA FILHO, Nelson Cavalcante; WARDE JÚNIOR, Walfrido Jorge; BAYEUX NETO, José Luiz (Org.). *Direito marítimo e portuário*: novas questões. São Paulo: Quartier Latin, 2013.

RECEITA FEDERAL DO BRASIL (RFB). Manuais aduaneiros: local de realização dos despachos. Brasília, DF: RFB, [s.d.]. Disponível em: <http://idg.receita.fazenda.gov.br/orientacao/aduaneira/manuais/despacho-de-exportacao/topicos/conceitos-e-definicoes/local-de--realizacao-do-despacho>. Acesso em: 6 jan. 2016.

REZENDE, Renato Monteiro. O regime diferenciado de contratações públicas: comentários à Lei nº 12.462, de 2011. Brasília: Senado Federal, 2011. Disponível em: <www12.senado.gov.br/publicacoes/estudos-legislativos/tipos-de-estudos/textos-para-discussao/td-100-o-regime-diferenciado-de-contratacoes-publicas-comentarios-a-lei-no-12.462-de-2011>. Acesso em: 6 jan. 2016.

RUSSO FILHO, Antonio. *Comércio internacional*: um modelo para segurança portuária e modernização da aduana brasileira. Dissertação (mestrado) — Escola Politécnica da USP, Departamento de Engenharia de Energia e Automação Elétricas, São Paulo, 2006.

SCHWAB, K. (Ed.). *The global competitiveness report 2013-2014*. Genebra: World Economic Forum, 2013. Disponível em: <http://www3.weforum.org/docs/WEF_GlobalCompetitivenessReport_2013-14.pdf>. Acesso em: 8 maio 2015.

SECRETARIA DE PORTOS DA PRESIDÊNCIA DA REPÚBLICA (SEP/PR). *Porto sem papel*. Brasília, DF: SEP/PR, 2015. Disponível em: <www.portosdobrasil.gov.br/assuntos-1/inteligencia-logistica/porto-sem-papel-psp>. Acesso em: 11 maio 2015.

SERVIÇO BRASILEIRO DE APOIO ÀS MICRO E PEQUENAS EMPRESAS (SEBRAE). *Participação das micro e pequenas empresas na economia brasileira*. Brasília, DF; Sebrae, jul. 2014. Disponível em: <www.sebrae.com.br/Sebrae/Portal%20Sebrae/Estudos%20e%20Pesquisas/Participacao%20das%20micro%20e%20pequenas%20empresas.pdf>. Acesso em: 8 maio 2015.

SERVIÇO BRASILEIRO DE APOIO ÀS MICRO E PEQUENAS EMPRESAS — SÃO PAULO (SEBRAE-SP). *Pequenos negócios em números*. São Paulo: Sebrae-SP [s.d.]. Disponível em: <www.sebraesp.com.br/index.php/234-uncategorised/institucional/pesquisas-sobre-micro-e-pequenas-empresas-paulistas/micro-e-pequenas-empresas-em-numeros>. Acesso em: 8 maio 2015.

SERVIÇO FEDERAL DE PROCESSAMENTO DE DADOS (SERPRO). *Projeto Sisportos* — Mapeamento dos processos no porto de Santos. Universidade de São Paulo — Biblioteca Digital, set. 2006. Disponível em: <www. teses.usp.br/teses/.../3/.../Processo_Porto_de_Santos_Versao_20. pdf>. Acesso em: fev. 2011.

SOUZA JR., Suriman Nogueira. *Regulação portuária*. São Paulo: Saraiva, 2008.

SUNDFELD, Carlos Ari. *Direito administrativo ordenador*. São Paulo: Malheiros, 1997.

_____ (Coord.). *Direito administrativo econômico*. São Paulo: Malheiros, 2000.

_____. Guia jurídico das parcerias público-privadas. In: _____. *Parcerias público-privadas*. 2. tir. São Paulo: Malheiros, 2007. p. 15-44.

TÁCITO, Caio. Concessão de portos: correção monetária ativo imobilizado. *Revista de Direito Administrativo*, Rio de Janeiro, v. 91, 1968. Parecer. Disponível em: <http://bibliotecadigital.fgv.br/ojs/index.php/rda/article/view/31224/0>. Acesso em: maio 2015.

TAVARES, André Ramos. Teoria do poder e divisão de funções estatais. In: _____. *Curso de direito constitucional*. 5. ed. São Paulo: Saraiva, 2007. cap. LXV.

USA. Central Intelligence Agency (CIA). *The world factbook*. Washington, DC: CIA, 2008.

U.S. ENVIRONMENTAL PROTECTION AGENCY (USEPA). *Integrated approach to assessing the bioavailability and toxicity of metals in surface waters and sediments* (including the metals mixtures equilibrium partitioning sediment guideline document). Briefing materials presented to the Science Advisory Board, April 6-7, 1999. Washington, DC: Usepa/Usace, 1999.

_____. *A compendium of chemical, physical and biological methods for assessing and monitoring the remediation of contaminated sediments sites*. Washington, DC: Usepa/Usace, 2003. EPA/68-W-99-033.

U.S. ENVIRONMENTAL PROTECTION AGENCY/US ARMY CORPS OF ENGINEERS (USEPA/USACE). *Evaluation of dredged material proposed for discharge in waters of the US*: testing manual. Washington, DC: Usepa/Usace, 1998. EPA-823-B-98-004.

VIANNA JÚNIOR, Edison de Oliveira. *Modelo de gestão e automação dos portos brasileiros*. Tese (doutorado) — Escola Politécnica da USP,

Departamento de Engenharia de Energia e Automação Elétricas, São Paulo, 2009.

WORLD HEALTH ORGANIZATION (WHO). The Writing Committee of the World Health Organization. Consultation on human influenza A/ H5: avian influenza A (H5N1) infection in humans. *The New England Journal of Medicine*, n. 353, p. 1374-1385, set. 2005.

_____. *Cumulative number of confirmed human cases of avian influenza A/ (H5N1)*. Nova York: WHO, 2008. Disponível em: <www.who.int/csr/disease/avian_influenza/country/cases_table_2008_05_28/en/index.html>. Acesso em: 29 ago. 2011.

ZANCUL, Paulo José. *Integração de sistemas de controle de carga em ambiente portuário*. Ed. rev. Dissertação (mestrado) — Escola Politécnica da USP, Departamento de Engenharia de Energia e Automação Elétricas, São Paulo, 2006.

Sites

Agência Nacional de Transportes Aquaviários (Antaq): <www.antaq.gov.br>.

Legislação. Arquivo Presidência da República: <www.presidencia.gov.br/legislacao>.

_____. Arquivo Senado Federal: <www.senado.gov.br/legislacao>.

Secretaria de Portos da Presidência da República: <www.portosdobrasil.com.br>.

Superior Tribunal de Justiça: <www.stj.jus.br>.

Supremo Tribunal Federal: <www.stf.jus.br>.

Legislação (Brasil)

Decreto Imperial nº 1.067, de 28 de julho de 1860. Cria o Ministério da Agricultura, originalmente denominado Secretaria de Estado dos Negócios da Agricultura, Comércio e Obras Públicas.

Decreto nº 24.447, de 22 de junho de 1934. Define, nos portos organizados, as atribuições conferidas a diferentes ministérios, pelo art. 1º do dec. 20.829, de 21 de dezembro de 1931, retificado pelo dec. 20.981, d e 20 de janeiro de 1932, e dá outras providencias. (Governo Provisório — decreto com força de lei). — Marinha Mercante.

Decreto nº 7.842, de 13 de setembro de 1941. Companhia Docas de Imbituba. Autorização para realizar as obras e o aparelhamento do porto de Imbituba, bem como a exploração do tráfego desse porto.

Decreto nº 74.557, de 12 de setembro de 1974. Cria a Comissão Interministerial para os Recursos do Mar (CIRM) e dá outras providências. Regulamentado por decreto de 1980 e revogado pelo Decreto nº 3.939, de 26 de setembro de 2001.

Decreto nº 83.540, de 4 de junho de 1979. Regulamenta a aplicação da Convenção Internacional sobre Responsabilidade Civil em Danos Causados por Poluição por Óleo, de 1969, e dá outras providências.

Decreto nº 87.566, de 16 de setembro de 1982. Promulga o texto da Convenção sobre Prevenção da Poluição Marinha por alijamento de resíduos e outras matérias, concluída em Londres, a 29 de dezembro de 1972.

Decreto nº 96.044, de 18 de maio de 1988. Aprova o Regulamento para o Transporte Rodoviário de Produtos Perigosos, e dá outras providências.

Decreto nº 99.274, de 6 de junho de 1990. Regulamenta a Lei nº 6.902, de 27 de abril de 1981, e a Lei nº 6.938, de 31 de agosto de 1981, que dispõem respectivamente sobre a criação de Estações Ecológicas e Áreas de Proteção Ambiental e sobre a Política Nacional do Meio Ambiente, e dá outras providências.

Decreto nº 750, de 10 de fevereiro de 1993. Dispõe sobre o corte, a exploração e a supressão da vegetação primária ou nos estágios avançado e médio de regeneração da mata atlântica, e dá outras providências.

Decreto nº 895, de 16 de agosto de 1993. Dispõe sobre a organização do Sistema Nacional de Defesa Civil (Sindec), e dá outras providências.

Decreto nº 1.507, de 30 de maio de 1995. Cria a Comissão Nacional de Segurança Pública nos Portos, Terminais e Vias Navegáveis, e dá outras providências.

Decreto nº 2.596, de 18 de maio de 1998. Regulamenta a Lei nº 9.537, de 11 de dezembro de 1997, que dispõe sobre a segurança do tráfego aquaviário em águas sob jurisdição nacional.

Decreto nº 2.870, de 10 de dezembro de 1998. Promulga a Convenção Internacional sobre Preparo, Resposta e Cooperação em Caso de Poluição por Óleo, assinada em Londres, em 30 de novembro de 1990.

Decreto nº 2.953, de 28 de janeiro de 1999. Dispõe sobre o procedimento administrativo para aplicação de penalidades por infrações cometidas nas atividades relativas à indústria do petróleo e ao abastecimento nacional de combustíveis, e dá outras providências.

Decreto nº 3.179, de 21 de setembro de 1999. Dispõe sobre a especificação das sanções aplicáveis às condutas e atividades lesivas ao meio ambiente, e dá outras providências.

Decreto nº 4.136, de 20 de fevereiro de 2002. Dispõe sobre a especificação das sanções aplicáveis às infrações às regras de prevenção, controle e fiscalização da poluição causada por lançamento de óleo e outras substâncias nocivas ou perigosas em águas sob jurisdição nacional, prevista na Lei nº 9.966, de 28 de abril de 2000, e dá outras providências.

Decreto nº 4.340, de 22 de agosto de 2002. Regulamenta artigos da Lei nº 9.985, de 18 de julho de 2000, que dispõe sobre o Sistema Nacional de Unidades de Conservação da Natureza (SNUC), e dá outras providências.

Decreto nº 4.543, de 26 de dezembro de 2002. Regulamenta a administração das atividades aduaneiras, e a fiscalização, o controle e a tributação das operações de comércio exterior.

Decreto nº 5.377, de 23 de fevereiro de 2005. Aprova a Política Nacional para os Recursos do Mar (PNRM).

Decreto nº 6.061, de 15 de março de 2007. Aprova a estrutura regimental e o quadro demonstrativo dos cargos em comissão e das funções gratificadas do Ministério da Justiça, e dá outras providências.

Decreto nº 6.550, de 27 de agosto de 2008. Dispõe sobre a estrutura e o funcionamento do Conselho Nacional de Integração de Políticas de Transporte (Conit), e dá outras providências.

Decreto nº 6.620, de 29 de outubro de 2008. Dispõe sobre políticas e diretrizes para o desenvolvimento e o fomento do setor de portos e terminais portuários de competência da Secretaria de Portos da Presidência da República, disciplina a concessão de portos, o arrendamento e a autorização de instalações portuárias marítimas, e dá outras providências.

Decreto nº 7.386, de 8 de dezembro de 2010. Aprova a estrutura regimental e o quadro demonstrativo dos cargos em comissão e das funções gratificadas do Ministério da Fazenda, e dá outras providências.

Decreto nº 7.482, de 16 de maio de 2011. Aprova a estrutura regimental e o quadro demonstrativo dos cargos em comissão e das funções gratificadas do Ministério da Fazenda.

Decreto-Lei nº 4.657, de 4 de setembro de 1941. Lei de Introdução ao Código Civil Brasileiro.

Decreto-Lei nº 9.760, de 5 de setembro de 1946. Dispõe sobre os bens imóveis da União e dá outras providências.

Decreto-Lei nº 1.098, de 25 de março de 1970. Altera os limites do mar territorial do Brasil e dá outras providências.

Lei nº 4.771, de 15 de setembro de 1965. Institui o novo Código Florestal.

Lei nº 4.898, de 9 de dezembro de 1965. Regula o direito de representação e o processo de responsabilidade administrativa civil e penal, nos casos de abuso de autoridade.

Lei nº 6.019, de 3 de janeiro de 1974. Dispõe sobre o trabalho temporário nas empresas urbanas, e dá outras providências.

Lei nº 6.514, de 22 de dezembro de 1977. Altera o Capítulo V do Título II da Consolidação das Leis do Trabalho, relativo à segurança e medicina do trabalho e dá outras providências.

Lei nº 6.938, de 31 de agosto de 1981. Dispõe sobre a Política Nacional do Meio Ambiente, seus fins e mecanismos de formulação e aplicação, e dá outras providências.

Lei nº 7.203, de 3 de julho de 1984. Dispõe sobre a assistência e salvamento de embarcação, coisa ou bem em perigo no mar, nos portos e nas vias navegáveis interiores.

Lei nº 7.347, de 24 de julho de 1985. Disciplina a ação civil pública de responsabilidade por danos causados ao meio ambiente, ao consumidor, a bens e direitos de valor artístico, estético, histórico, turístico e paisagístico (vetado) e dá outras providências.

Lei nº 7.661, de 16 de maio de 1988. Institui o Plano Nacional de Gerenciamento Costeiro e dá outras providências.

Lei nº 8.029, de 12 de abril de 1990. Dispõe sobre a extinção e dissolução de entidades da administração pública federal e dá outras providências.

Lei nº 8.617, de 4 de janeiro de 1993. Dispõe sobre o mar territorial, a zona contígua, a zona econômica exclusiva e a plataforma continental brasileiros, e dá outras providências.

Lei nº 8.630, de 25 de fevereiro de 1993. Dispõe sobre o regime jurídico da exploração dos portos organizados e das instalações portuárias e dá outras providências. (Lei dos Portos).

Lei nº 8.666, de 21 de junho de 1993. Regulamenta o art. 37, inciso XXI, da Constituição Federal, institui normas para licitações e contratos da Administração Pública e dá outras providências.

Lei nº 8.987, de 13 de fevereiro de 1995. Dispõe sobre o regime de concessão e permissão da prestação de serviços públicos previstos no art. 175 da Constituição Federal, e dá outras providências.

Lei nº 9.277, de 10 de maio de 1996. Autoriza a União a delegar aos municípios, estados da Federação e ao Distrito Federal a administração e exploração de rodovias e portos federais.

Lei nº 9.433, de 8 de janeiro de 1997. Institui a Política Nacional de Recursos Hídricos, cria o Sistema Nacional de Gerenciamento de Recursos Hídricos, regulamenta o inciso XIX do art. 21 da Constituição Federal, e altera o art. 1º da Lei nº 8.001, de 13 de março de 1990, que modificou a Lei nº 7.990, de 28 de dezembro de 1989.

Lei nº 9.478, de 6 de agosto de 1997. Dispõe sobre a política energética nacional, as atividades relativas ao monopólio do petróleo, institui o Conselho Nacional de Política Energética e a Agência Nacional do Petróleo e dá outras providências.

Lei nº 9.537, de 11 de dezembro de 1997. Dispõe sobre a segurança do tráfego aquaviário em águas sob jurisdição nacional e dá outras providências.

Lei nº 9.605, de 12 de fevereiro de 1998. Dispõe sobre as sanções penais e administrativas derivadas de condutas e atividades lesivas ao meio ambiente, e dá outras providências.

Lei nº 9.636, de 15 de maio de 1998. Dispõe sobre a regularização, administração, aforamento e alienação de bens imóveis de domínio da União, altera dispositivos dos decretos-leis nº 9.760, de 5 de setembro de 1946, e nº 2.398, de 21 de dezembro de 1987, regulamenta o § 2º do art. 49 do Ato das Disposições Constitucionais Transitórias, e dá outras providências.

Lei nº 9.782, de 26 de janeiro de 1999. Define o Sistema Nacional de Vigilância Sanitária, cria a Agência Nacional de Vigilância Sanitária, e dá outras providências.

Lei nº 9.966, de 28 de abril de 2000. Dispõe sobre a prevenção, o controle e a fiscalização da poluição causada por lançamento de óleo e outras substâncias nocivas ou perigosas em águas sob jurisdição nacional e dá outras providências.

Lei nº 9.985, de 18 de julho de 2000. Regulamenta o art. 225, § 1º, incisos I, II, III e VII da Constituição Federal, institui o Sistema Nacional de Unidades de Conservação da Natureza e dá outras providências.

Lei nº 10.233, de 5 de junho de 2001. Dispõe sobre a reestruturação dos transportes aquaviário e terrestre, cria o Conselho Nacional de Integração de Políticas de Transporte, a Agência Nacional de Transportes Terrestres, a Agência Nacional de Transportes Aquaviários e o Departamento Nacional de Infraestrutura de Transportes, e dá outras providências.

Lei nº 10.683, de 28 de maio de 2003. Dispõe sobre a organização da Presidência da República e dos ministérios, e dá outras providências.

Lei nº 11.079, de 30 de dezembro de 2004. Institui normas gerais para licitação e contratação de parceria público-privada no âmbito da administração pública.

Lei nº 11.314, de 3 de julho de 2006. Altera diversas leis, entre elas a Lei nº 10.233/2001.

Lei nº 11.518, de 5 de setembro de 2007. Acresce e altera dispositivos das leis nº 10.683, de 28 de maio de 2003, nº 10.233, de 5 de junho de 2001, nº 10.893, de 13 de julho de 2004, nº 5.917, de 10 de setembro de 1973, nº 11.457, de 16 de março de 2007, e nº 8.630, de 25 de fevereiro de 1993, para criar a Secretaria de Portos, e dá outras providências.

Lei nº 11.610, de 12 de dezembro de 2007. Institui o Programa Nacional de Dragagem Portuária e Hidroviária, e dá outras providências.

Lei nº 12.815, de 5 de junho de 2013. Dispõe sobre a exploração direta e indireta pela União de portos e instalações portuárias e sobre as atividades desempenhadas pelos operadores portuários; altera as leis nº 5.025, de 10 de junho de 1966, nº 10.233, de 5 de junho de 2001, nº 10.683, de 28 de maio de 2003, nº 9.719, de 27 de novembro de 1998, e nº 8.213, de 24 de julho de 1991; revoga as leis nº 8.630, de 25 de fevereiro de 1993, e nº 11.610, de 12 de dezembro de 2007.

Lei Complementar nº 95, de 26 de fevereiro de 1998. Dispõe sobre a elaboração, a redação, a alteração e a consolidação das leis, conforme determina o parágrafo único do art. 59 da Constituição Federal, e estabelece normas para a consolidação dos atos normativos que menciona.

Lei Complementar nº 97, de 9 de junho de 1999. Dispõe sobre as normas gerais para a organização, o preparo e o emprego das Forças Armadas.

Medida Provisória nº 1.569-9, de 11 de dezembro de 1997. Estabelece multa em operações de importação, e dá outras providências.

Medida Provisória nº 2.073-38, de 13 de junho de 2001. Acrescenta dispositivo à Lei nº 9.605, de 12 de fevereiro de 1998, que dispõe sobre as sanções penais e administrativas derivadas de condutas e atividades lesivas ao meio ambiente.

Medida Provisória nº 369, de 7 de maio de 2007. Acresce e altera dispositivos da Lei nº 10.683, de 28 de maio de 2003, para criar a Secretaria de Portos, e dá outras providências (convertida na Lei nº 11.518, de 2007).

Ministério da Agricultura, Pecuária e Abastecimento (Mapa). Instrução Normativa nº 36, de 10 de novembro de 2006. Aprova o Manual de Procedimentos Operacionais de Vigilância Agropecuária Internacional.

Ministério da Defesa. Comissão Interministerial para os Recursos do Mar (CIRM). Resolução nº 006, de 2 de dezembro de 1988. Cria a Agenda Ambiental Portuária.

Ministério da Fazenda. Portaria nº 275, de 15 de agosto de 2005. Aprova a estrutura organizacional da Receita Federal do Brasil e dá outras providências.

Ministério da Marinha. Portaria Ministerial nº 440/96, do ministro de Estado da Marinha, alterada pela Portaria Ministerial nº 238/97. Criação do GI-Gerco.

_____. Portaria Ministerial nº 156, de 3 de junho de 2004. Estabelece a estrutura da autoridade marítima e delega competências aos titulares dos órgãos de direção geral, de direção setorial e de outras organizações militares da Marinha, para o exercício das atividades especificadas.

Ministério da Saúde. Agência Nacional de Vigilância Sanitária (Anvisa). RDC nº 217, de 21 de novembro de 2001. Aprova o Regulamento Técnico sobre a Vigilância Sanitária nos Portos de Controle Sanitário instalados no território nacional. Institui o Plano de Gerenciamento de Resíduos Sólidos (PGRS).

_____. Agência Nacional de Vigilância Sanitária (Anvisa). RDC nº 37, de 22 de fevereiro de 2006. Dispõe sobre a importação, o ingresso e a comercialização de produtos derivados de aves procedentes de países com ocorrência de *influenza* aviária, e dá outras providências.

Ministério do Meio Ambiente. Conselho Nacional do Meio Ambiente (Conama). Resolução nº 1, de 23 de janeiro de 1986. Estabelece as definições, as responsabilidades, os critérios básicos e as diretrizes gerais para uso e implementação da Avaliação de Impacto Ambiental; como um dos instrumentos da Política Nacional do Meio Ambiente.

_____. Conselho Nacional do Meio Ambiente (Conama). Resolução nº 6, de 24 de janeiro de 1986. Dispõe sobre a aprovação de modelos para publicação de pedidos de licenciamento.

_____. Conselho Nacional do Meio Ambiente (Conama). Resolução nº 11, de 2 de maio de 1986. Altera o inciso XVI e acrescenta o inciso XVII ao art. 2º da Resolução Conama nº 001/86.

_____. Conselho Nacional do Meio Ambiente (Conama). Resolução nº 6, de 16 de setembro de 1987. Dispõe sobre o licenciamento ambiental de obras do setor de geração de energia elétrica.

_____. Conselho Nacional do Meio Ambiente (Conama). Resolução nº 9, de 3 de dezembro de 1987. Dispõe sobre a audiência pública nos projetos submetidos à avaliação de impactos ambientais.

_____. Conselho Nacional do Meio Ambiente (Conama). Resolução nº 5, de 15 de junho de 1988. Dispõe sobre o licenciamento de obras de saneamento básico.

_____. Conselho Nacional do Meio Ambiente (Conama). Resolução Conama nº 5, de 5 de agosto de 1993. Dispõe sobre o gerenciamento de resíduos sólidos gerados nos portos, aeroportos, terminais ferroviários e rodoviários.

_____. Conselho Nacional do Meio Ambiente (Conama). Resolução nº 10, de 1º de outubro de 1993. Estabelece os parâmetros básicos para análise dos estágios de sucessão de mata atlântica.

_____. Conselho Nacional do Meio Ambiente (Conama). Resolução nº 23, de 7 de dezembro de 1994. Institui procedimentos específicos para o licenciamento de atividades relacionadas à exploração e lavra de jazidas de combustíveis líquidos e gás natural.

____. Conselho Nacional do Meio Ambiente (Conama). Resolução nº 5, de 9 de outubro de 1995. Cria 10 câmaras técnicas permanentes para assessorar o Plenário do Conama e estabelece suas competências.

____. Conselho Nacional do Meio Ambiente (Conama). Resolução nº 2, de 18 de abril de 1996. Dispõe sobre a compensação ambiental de empreendimentos em licenciamento.

____. Conselho Nacional do Meio Ambiente (Conama). Resolução nº 237, de 22 de dezembro de 1997. Regulamenta os aspectos de licenciamento ambiental estabelecidos na Política Nacional do Meio Ambiente.

____. Conselho Nacional do Meio Ambiente (Conama). Resolução nº 344, de 7 de maio de 2004. Estabelece as diretrizes gerais e os procedimentos mínimos para a avaliação do material a ser dragado em águas jurisdicionais brasileiras, e dá outras providências.

Ministério dos Transportes. Agência Nacional de Transportes Aquaviários (Antaq). Resolução nº 52, de 19 de novembro de 2002. Aprova a norma para outorga de autorização à pessoa jurídica brasileira para operar como empresa brasileira de navegação nas navegações de longo curso, de cabotagem, de apoio portuário e de apoio marítimo.

____. Agência Nacional de Transportes Aquaviários (Antaq). Resolução nº 517, de 18 de outubro de 2005. Aprova a norma para outorga de autorização para a construção, a exploração e a ampliação de terminal portuário de uso privativo.

____. Agência Nacional de Transportes Aquaviários (Antaq). Resolução nº 1.590, de 9 de fevereiro de 2010. Aprova a norma para outorga de autorização para construção, exploração e ampliação de instalação portuária pública de pequeno porte.

____. Agência Nacional de Transportes Aquaviários (Antaq). Resolução nº 1.660, de 8 de abril de 2010. Aprova a norma para outorga de autorização para a construção, a exploração e a ampliação de terminal portuário de uso privativo.

____. Agência Nacional de Transportes Aquaviários (Antaq). Resolução nº 2.240, de 4 de outubro de 2011. Aprova a norma que regula a exploração de áreas e instalações portuárias sob gestão das administrações portuárias no âmbito dos portos organizados.

____. Portaria nº 204, de 20 de maio de 1997. Aprova as instruções complementares aos regulamentos dos transportes rodoviários e ferroviários de produtos perigosos.

____. Casa Civil. Constituição da República Federativa do Brasil, de 5 de outubro de 1988.

____. Casa Civil. Mensagem de Veto nº 516, de 5 de junho de 2001.

____. Secretaria de Portos. Portaria nº 108, de 6 de abril de 2010. Dá diretrizes para a concessão de portos.

Siglas

Abratec	Associação Brasileira dos Terminais de Contêineres de Uso Público
ADPF	Arguição de descumprimento de preceito fundamental
AGU	Advocacia-Geral da União
ANA	Agência Nacional de Águas
Anatel	Agência Nacional de Telecomunicações
Ancine	Agência Nacional do Cinema
Aneel	Agência Nacional de Energia Elétrica
ANP	Agência Nacional de Petróleo
ANS	Agência Nacional de Saúde Suplementar
Antaq	Agência Nacional de Transportes Aquaviários
ANTT	Agência Nacional de Transportes Terrestres
Anvisa	Agência Nacional de Vigilância Sanitária
Befiex	Benefícios fiscais a programas especiais de exportação
Cacex	Carteira de Comércio Exterior
Cade	Conselho Administrativo de Defesa Econômica
Camex	Câmara de Comércio Exterior
CAP	Conselho de Autoridade Portuária
CDRJ	Companhia Docas do Rio de Janeiro
Cenep	Centro de Treinamento do Trabalhador Portuário
Cesportos	Comissão Estadual de Segurança Pública nos Portos, Terminais e Vias Navegáveis
CF/1988	Constituição Federal de 1988
Conama	Conselho Nacional do Meio Ambiente
Conit	Conselho Nacional de Políticas de Integração de Transportes
Conportos	Comissão Nacional de Segurança Pública nos Portos, Terminais e Vias Navegáveis

DNIT	Departamento Nacional de Infraestrutura e Transportes
DPF	Departamento de Polícia Federal
ETC	Estação de transbordo de carga
FOB	*Free on board*/Livre a bordo
Funcex	Fundação Centro de Estudos do Comércio Exterior
GATT	General Agreement on Tariffs and Trade/Acordo Geral sobre Tarifas e Comércio
Ibama	Instituto Brasileiro do Meio Ambiente e Recursos Naturais Renováveis
ICM	Imposto sobre circulação de mercadorias
ICMS	Imposto sobre circulação de mercadorias e serviços
IMO	International Maritime Organization/Organização Marítima Internacional
INPH	Instituto Nacional de Pesquisas Hidroviárias
IP4	Instalação portuária pública de pequeno porte
IPI	Imposto sobre produtos industrializados
IPT	Instalação portuária de turismo
ISPS Code	International Ship and Port Facility Security Code/Código Internacional para Segurança de Navios e Instalações Portuárias
Mapa	Ministério da Agricultura, Pecuária e Abastecimento
MDIC	Ministério do Desenvolvimento, Indústria e Comércio Exterior
MF	Ministério da Fazenda
MJ	Ministério da Justiça
MM	Ministério da Marinha
MPME	Micro, pequenas e médias empresas
MRE	Ministério das Relações Exteriores
MT	Ministério dos Transportes
Ogmo	Órgão Gestor de Mão de Obra
PDZ	Plano de Desenvolvimento e Zoneamento do Porto
PGO	Plano Geral de Outorga
PIB	Produto interno bruto

PNLP	Plano Nacional de Logística Portuária
PPP	Parceria público-privada
Proaps	Programa de Arrendamento de Áreas e Instalações Portuárias do Porto de Santos
Proex	Programa de Financiamento às Exportações
RDC	Resolução da diretoria colegiada
RDC	Regime diferenciado de contratações
RFB	Receita Federal do Brasil
SEP/PR	Secretaria de Portos da Presidência da República
SFV	Sistema Federal de Viação
SIF	Serviço de Inspeção Federal
SNV	Sistema Nacional de Viação
Solas	Safety of Live at Sea/Segurança da Vida no Mar
SPU	Secretaria de Patrimônio da União
STF	Supremo Tribunal Federal
STJ	Superior Tribunal de Justiça
THC	*Terminal handling charge*/Taxa de manuseio no terminal
TI	Tecnologia da informação
TPU	Termo de permissão de uso
TST	Tribunal Superior do Trabalho
TUP	Terminal de uso privado

Autores

Eduardo Mario Dias (org.). Engenheiro eletricista, mestre, doutor, livre-docente, professor adjunto e professor titular pela Escola Politécnica da Universidade de São Paulo (Poli-USP), onde leciona. É coordenador do grupo Gaesi (Gestão em Automação e TI da Escola Politécnica da Universidade de São Paulo), em que desenvolve projetos de logística, cidades inteligentes e rastreabilidade para diversos órgãos públicos e privados, como: Petrobras; Ministério da Agricultura, Pecuária e Abastecimento; Companhia Docas do Estado de São Paulo; Companhia Docas do Rio de Janeiro; Secretaria da Fazenda do Estado de São Paulo; Secretaria Municipal de Transportes da Cidade de São Paulo. É coordenador do Laboratório de Logística e Mobilidade Urbana da prefeitura no Parque Tecnológico de Santos (SP).

Maria Lídia Rebello Pinho Dias Scoton (org.). Graduada em direito pela Pontifícia Universidade Católica de São Paulo (PUC-SP) e em ciências sociais pela Universidade de São Paulo (USP), licenciada em ciências sociais pela Faculdade de Educação da USP e mestre em ciências pela Escola Politécnica da USP, onde é pesquisadora e doutoranda.

Ailton Fernando Dias. Graduado em engenharia elétrica pela Pontifícia Universidade Católica de Minas Gerais (PUC Minas), mestre em ciências da computação e doutor em *architectures parallèles* (Université de Paris XI). Tecnologista sênior da Comissão Nacional de Energia Nuclear (CNEN), é diretor de Administração, Finanças e Recursos Humanos da Companhia Docas do Rio de Janeiro e vice-presidente de Intercâmbio Universitário e Pesquisa do Centro Brasileiro de Estudos Latino-Americanos (Cebela).

Antonio Russo Filho. Auditor fiscal aposentado da Receita Federal do Brasil, formado em economia pela Faculdade São Paulo (FACSP), bacharel em direito pela Universidade Católica de Santos (Unisantos), mestre pela Universidade de São Paulo (USP) em automação e segurança aduaneira. Trabalhou na alfândega da Receita Federal do Porto de Santos, participando do desenvolvimento de projetos da Receita Federal em segurança aduaneira, e coordenou durante nove anos o programa do acordo internacional Brasil × EUA do Container Security Initiative (CSI). Foi membro da Comissão Estadual de Portos (SP). Hoje presta consultoria empresarial na área aduaneira e portuária.

Augusto Cesar. Graduado em ciências biológicas, com ênfase em biologia marinha, pela Universidade Santa Cecília (Unisanta), doutor em ciências biológicas pela Universidad de Murcia (Espanha), com dois pós-doutorados em ecotoxicologia aquática (Universidade de Cádiz, Espanha; Cátedra Unesco, Unitwin-WiCop-Europe). Professor adjunto do Departamento de Ciências do Mar da Universidade Federal de São Paulo (Unifesp) e professor titular da Unisanta, atua na coordenação de projetos de pesquisa, cursos e programas de graduação e pós-graduação.

Camilo Dias Seabra Pereira. Bacharel em ciências biológicas, com ênfase em biologia marinha, pela Universidade Santa Cecília (Unisanta), mestre e doutor em oceanografia (biológica) pela Universidade de São Paulo (USP), com pós-doutorado na mesma área pela Universidad de Cádiz (Espanha). É professor adjunto do departamento de biociências da Universidade Federal de São Paulo (Unifesp) e professor permanente do mestrado em sustentabilidade de ecossistemas costeiros e marinhos da Unisanta.

Edison de Oliveira Vianna Junior. Graduado em arquitetura e urbanismo pela Faculdade de Arquitetura e Urbanismo da Universidade de São Paulo (FAU-USP), onde cursou mestrado em estruturas ambientais urbanas. É doutor pela Escola Politécnica da USP (Poli-USP).

Gustavo Gasiola. Mestrando em engenharia elétrica pela Escola Politécnica da Universidade de São Paulo (Poli-USP). Bacharel em direito pela Faculdade de Direito de Ribeirão Preto da Universidade de São Paulo (FDRP-USP). Pesquisador do grupo Gaesi (Gestão em Automação e TI da Escola Politécnica da Universidade de São Paulo). Advogado.

Helios Malebranche. Professor e chefe do Departamento de Administração da Universidade Federal do Rio de Janeiro (UFRJ), professor colaborador do grupo Gaesi (Gestão em Automação e TI da Escola Politécnica da Universidade de São Paulo) e pesquisador colaborador do Instituto Nacional de Pesquisas Hidroviárias (INPH) da Secretaria de Portos da Presidência da República. Foi superintendente de Educação Executiva na Fundação Getulio Vargas (FGV), instalou e dirigiu a Fundação de Apoio ao Desenvolvimento da Computação Científica (FACC), presidiu o Conselho Curador da Fundação de Apoio da UFRJ (FUJB) e foi consultor técnico no desenvolvimento do Parque Tecnológico de Santos (SP).

Leonardo Toledo da Silva. Graduado pela Faculdade de Direito da Universidade de São Paulo (USP), onde concluiu o mestrado e o doutorado em direito comercial. É advogado em São Paulo, sócio da Porto Lauand Advogados.

Maria Rita Rebello Pinho Dias. Formada em direito pela Universidade de São Paulo (USP), com mestrado em direito constitucional pela Pontifícia Universidade Católica de São Paulo (PUC-SP). É juíza no estado de São Paulo.

Pablo Cerdeira. Coordenador do grupo Pensa de *big data* do Rio de Janeiro e professor de direito e tecnologia na Fundação Getulio Vargas (FGV). Desenvolve projetos de desenho e implantação de novas instituições e projetos que utilizam dados para aprimorar a vida da população, em áreas como dengue, iluminação pública, mortalidade infantil e planejamento do fluxo urbano nos Jogos Olímpicos de 2016. Graduado pela Escola de Direito São Francisco da Universidade de São Paulo (USP).

Paulo José Zancul. Analista tributário da Receita Federal desde 1993, formado em engenharia de materiais pela Universidade Federal de São Carlos (UFSCar), com mestrado na Universidade de São Paulo (USP) em automação portuária em utilização de sistemas informatizados. Trabalha na alfândega da Receita Federal do Porto de Santos e participa do grupo nacional de desenvolvimento do Siscomex Carga. É representante do Programa Nacional de Educação Fiscal (PNEF) na unidade local.

Rodrigo Brasil Choueri. Graduado em ecologia pela Universidade Estadual Paulista (Unesp), com mestrados em ecologia e recursos naturais pela Universidade Federal de São Carlos (UFSCar) e pela European Joint Master in Water and Coastal Management (Universidade do Algarve, Portugal; Universidad de Cádiz, Espanha) e doutorado em *ciencias del mar* (Universidad de Cádiz). É professor adjunto da Universidade Federal de São Paulo (Unifesp) e docente de pós-graduação *stricto sensu* na Universidade Santa Cecília (Unisanta).

Rodrigo Fernandes More. Doutor em direito internacional pela Universidade de São Paulo (USP) e professor do Departamento de Ciências do Mar da Universidade Federal de São Paulo (Unifesp). É professor colaborador do Programa de Pós-Graduação em Estudos Marítimos (PPGEM) e membro colaborador do Centro de Estudos

Político-Estratégicos (Cepe) da Escola de Guerra Naval (EGN), instrutor da Escola Superior de Guerra (ESG, Brasília) e membro e consultor jurídico do GT do Plano de Levantamento da Plataforma Continental Brasileira (Leplac) na Comissão Interministerial para os Recursos do Mar (CIRM).

Rodrigo Porto Lauand. Formado na Universidade Presbiteriana Mackenzie, com mestrado em direito comercial pela Pontifícia Universidade Católica de São Paulo (PUC-SP). É advogado na área de direito empresarial.

Samuel Goihman. Graduado em medicina pela Universidade Federal de São Paulo (Unifesp), onde é professor adjunto, com especialização em administração hospitalar pela Fundação Getulio Vargas (FGV-SP), doutorado em ciências biológicas (biologia molecular) pela Unifesp e pós-doutorado pela McMaster University (Canadá).

Sérgio Paulo Perrucci de Aquino. Graduado em administração de empresas e em direito pela Universidade Católica de Santos (Unisantos), com especialização em planejamento estratégico e econômico-financeiro pela Open University of New York (EUA). Trabalha no segmento portuário desde 1973. Foi dirigente de terminal portuário, de entidades do segmento, secretário de assuntos portuários e marítimos da prefeitura de Santos, cidade onde atua como presidente do Conselho de Autoridade Portuária (CAP). É consultor da SPA Consultoria Portuária — Aduaneira e Logística.

Valêncio Garcia. Engenheiro eletricista formado pela Escola Politécnica da Universidade de São Paulo (Poli-USP), com MBA em engenharia de software pelo Senac em convênio com a USP, mestrado pela Poli-USP e *strategic sales planning* pela University of Michigan. Diretor e vice-presidente de vendas na Vivo, Telefonica-Mercador,

NeoGrid, Neoway e iOpera. Tem mais de 25 anos de experiência na área comercial de grandes empresas, nos segmentos de tecnologia, telecomunicações e software. Atualmente é pesquisador nos conceitos de *big data* e *business analytics*, orientado pelo professor doutor Luiz Natal Rossi.